Como Jesus lia a Torá:
sair do mal-entendido entre
JESUS E OS FARISEUS

COLEÇÃO JUDAÍSMO E CRISTIANISMO

I. O Ciclo de Leituras da Torah na Sinagoga
   Pe. Fernando Gross

II. Jesus fala com Israel: uma leitura judaica de parábolas de Jesus
   Rabino Philippe Haddad

III. Convidados ao banquete nupcial: uma leitura de parábolas nos Evangelhos e na tradição judaica
   Pe. Dr. Donizete Luiz Ribeiro, nds

IV. Jubileu de ouro do Diálogo Católico-Judaico: primeiros frutos e novos desafios, 2ª EDIÇÃO
   Organizadores: Donizete Luiz Ribeiro, nds; Marivan Soares Ramos

V. Pai Nosso – Avinu Shebashamayim: uma leitura judaica da oração de Jesus
   Rabino Philippe Haddad

VI. As relações entre judeus e cristãos a partir do Evangelho de São João.
   Pe. Manoel Miranda, nds

VII. Introdução à leitura judaica da Escritura
   Irmã Anne Avril, nds e ir. Pierre Lenhardt, nds

VIII. A Unidade da Trindade: A escuta da tradição de Israel na Igreja.
   Ir. Pierre Lenhardt, nds

IX. Por trás das Escrituras. Uma introdução a exegese judaica e cristã
   Prof. Marivan Soares Ramos

X. Judaísmo simplesmente
   Irmã Dominique de La Maisonneuve, nds

XI. As Sagradas Escrituras explicadas através da genialidade de Rashi
   Ir. Elio Passeto, nds

XII. À Escuta de Israel, na Igreja. Tomo I
   Ir. Pierre Lenhardt, nds

XIII. A Trilogia Social: estrangeiro, órfão e viúva no Deuteronômio e sua recepção na Mishná
   Pe. Antônio Carlos Frizzo

XIV. À Escuta de Israel, na Igreja. Tomo II
   Ir. Pierre Lenhardt, nds

XV. Uma vida cristã à escuta de Israel
   Ir. Pierre Lenhardt, nds

XVI. O ciclo das festas bíblicas na Escritura e na Tradição judaico-cristãs.
   Pe. Manoel Miranda, nds e Marivan Ramos

XVII. Fraternidade ou a Revolução do Perdão
   Rabino Philippe Haddad

XVIII. Escritura e Tradição: Ensaios sobre o Midrash
   Renée Bloch

XIX. Jesus, o Mestre entre os sábios
   Marivan Soares Ramos e Márcio M. Matos

XX. Como Jesus lia a Torá: sair do mal-entendido entre Jesus e os fariseus
   Rabino Philippe Haddad

Philippe Haddad

Como Jesus lia a Torá:
sair do mal-entendido entre *JESUS E OS FARISEUS*

1ª edição
São Paulo – 2022

Edições Fons Sapientiae
um selo da Distribuidora Loyola

Direitos:	© Copyright 2022 – 1ª edição, 2022 – CCDEJ/FASI - Religiosos de N.S. de Sion
Título original:	*Comment Jésus lisait la Torah : Sortir du malentendu entre Jésus et les pharisiens.* CopyMédia, 2021
ISBN:	978-65-86085-23-5
Fundador:	Jair Canizela (1941-2016)
Diretor Geral:	Vitor Tavares
Conselho Editoral e Consultivo:	Dr. Donizete Luiz Ribeiro Dr. Jarbas Vargas Nascimento, PUCSP Dr. Ruben Sternschein, CIP Me. Elio Passeto Me. Fernando Gross Me. Manoel Ferreira de Miranda Neto Me. Marivan Soares Ramos
Tradução:	José Benedito de Campos
Prefácio:	Marivan Soares Ramos
Revisão:	Equipe do CCDEJ/FASI-SP
Capa e diagramação:	Telma Custodio

```
Dados Internacionais de Catalogação na Publicação (CIP)
       (Câmara Brasileira do Livro, SP, Brasil)

Haddad, Philippe
   Como Jesus lia a Torá : sair do mal-entendido
entre Jesus e os Fariseus / Philippe Haddad ;
[tradução José Benedito de Campos]. -- 1. ed.
-- São Paulo, SP : Edições Fons Sapientiae, 2022.
-- (Judaísmo e cristianismo)

   Título original: Comment Jésus lisait la Torah :
Sortir du malentendu entre Jésus et les pharisiens.
   ISBN 978-65-86085-23-5

   1. Jesus Cristo e judaísmo 2. Judaísmo -
Relações - Cristianismo 3. Judaísmo - Relações
- Cristianismo - História I. Título. II. Série.

22-113616                              CDD-261.2

           Índices para catálogo sistemático:

   1. Judaísmo e cristianismo    261.2

Eliete Marques da Silva - Bibliotecária - CRB-8/9380
```

Acesse a loja virtual para adquirir os livros:
https://loja.sion.org.br | www.livrarialoyola.com.br

Edições Fons Sapientiae
é um selo da Distribuidora Loyola de Livros
Rua Lopes Coutinho, 74 – Belenzinho 03054-010 São Paulo – SP
T 55 11 3322 0100 | editorial@FonsSapientiae.com.br
www.FonsSapientiae.com.br

Todos os direitos reservados. Nenhuma parte desta obra pode ser reproduzida ou transmitida por qualquer forma ou quaisquer meios (eletrônico ou mecânico, incluindo fotocópias e gravação) ou arquivada em qualquer sistema ou banco de dados sem permissão escrita

Coleção
"Judaísmo e Cristianismo"

O Centro Cristão de Estudos Judaicos – CCDEJ (http://ccdej.org.br), dirigido pelos Religiosos de Nossa Senhora de Sion e mantido pelo Instituto Theodoro Ratisbonne, com a colaboração de associados cristãos e judeus, no espírito suscitado pela Declaração da Igreja Católica *Nostra Aetate* e suas ulteriores aplicações e desenvolvimentos, apresenta a coleção intitulada "Judaísmo e Cristianismo".

O objetivo desta coleção, ao publicar textos originais e traduções, é cultivar o conhecimento mútuo entre judeus e cristãos. Queremos, com isso, valorizar o enraizamento judaico das Sagradas Escrituras e o diálogo entre judeus e cristãos a partir do "patrimônio espiritual comum". Que esta coleção possa produzir cada vez mais frutos. Nisto consiste a vocação e o carisma de Sion na Igreja à serviço do Povo de Deus.

Através desta Coleção "Judaísmo e Cristianismo", o CCDEJ, junto com a Distribuidora Loyola/Edições *Fons Sapientiae*, apresentará pouco a pouco o pensamento e ação de alguns autores que contribuem para a difusão da Tradição de Israel e da Igreja.

São João Paulo II confirmou o ensinamento dos Bispos da Alemanha quando afirmou "quem se encontra com Jesus Cristo encontra-se com o Judaísmo"; e o mestre judeu Chalom Ben Horin dizia "a fé de Jesus nos une e a fé em Jesus nos separa".

Que esta coleção "Judaísmo e Cristianismo", graças, sobretudo ao "*e*", possa de fato significar e transmitir o "patrimônio comum", pela mútua estima, escuta da Palavra viva e diálogo fraterno.

Pe. Dr. Donizete Luiz Ribeiro, NDS
(Diretor Acadêmico do CCDEJ)

Sr. Jair Canizela *(in Memoriam)*
(Diretor Geral da Distribuidora Loyola)

Agradecimentos

Agradecimentos (pela revisão fraterna): Padre François, Pastor Thierry, Ariane, Roseline e Sylvine.

"Eis que vos envio o profeta Elias, antes que venha o dia do Senhor, o grande e terrível, e ele converterá o coração dos pais aos filhos e o coração dos filhos aos pais" (Malaquias 3,22-23)

"No trono de Moisés sentam-se escribas e fariseus, de modo que tudo o que eles vos disserem, façam e guardem, porém (...)" (Mateus 23,2-3).

"O Conselho quer encorajar e recomendar um conhecimento e uma estima mútua entre eles (cristãos e judeus), que surgirá, sobretudo dos estudos bíblicos e teológicos, mas também dos diálogos fraternos" (*Nostra Aetate*, nº 4).

Sumário

ABREVIAÇÕES 11

PREFÁCIO À EDIÇÃO BRASILEIRA 13

INTRODUÇÃO 19
    Abertura de Espírito 19

CAPÍTULO I
ABORDAGEM HISTÓRICA 23
    1.1 O Judaísmo do segundo Templo 23
    1.2 A Torá e as suas leituras 28
    1.3 Os Movimentos messiânicos 33
    1.4 Rabino das cidades e rabino dos campos: entre o campo e Jerusalém 39
    1.5 João o Batista e Jesus: seitas na época grega e romana 44

CAPÍTULO II
FARISEU, QUEM ÉS TU? O FARISEU MALTRATADO 55
    2.1 O fariseu nos Evangelhos 55
    2.2 Origens da palavra "Fariseu" 57
    2.3 O Método do Midrash 58
    2.4 Fariseus fora do Evangelho 60
    2.5 Os Fariseus para o Historiador 62
    2.6 Testemunho de Flávio Josefo 68

CAPÍTULO III
OS FARISEUS NO EVANGELHO 71
    3.1 João Batista e os Fariseus 73
    3.2 Jesus e a Remissão dos Pecados 83
    3.3 Os "Ais" de Jesus contra os fariseus 122

CONCLUSÃO 151
    Fariseus e Fariseus 151
    Jesus e as Mitzvot 154
    A crítica da anterioridade 155
    O Judaísmo de Jesus 156
    A halakhá de Jesus 158

BIBLIOGRAFIA 163
    Principais obras do autor 163

PUBLICAÇÃO 165

Abreviações

AEC: Antes da Era Comum
EC: Era Comum
TB: Talmud de Babilônia
TJ: Talmud de Jerusalém
TM: Texto massorético (Bíblia Hebraica)
LXX: A Septuaginta (tradução grega da Bíblia, século 3 AEC)

Prefácio à edição brasileira

Caríssimos leitores (as), shalom!

Agradeço ao Padre Donizete L. Ribeiro, Diretor Acadêmico do Centro Cristão de Estudos Judaicos - SP, por me convidar para escrever o prefácio à edição brasileira desse livro. Mesmo não conhecendo pessoalmente o Rabino Philippe Haddad, desejo ao longo das próximas linhas, estabelecer um diálogo com ele, a partir de sua belíssima obra. Sinto-me honrado e profundamente feliz por essa nova oportunidade. Por isso, agradeço ao Eterno, bendito Seja Ele, pelos séculos dos séculos. Amém!

Gostaria inicialmente de recordar importante evento que ocorreu nos dias 07 a 09 de maio de 2019 em Roma, Itália. Por ocasião do 110º (1909–2019) aniversário da fundação do Pontifício Instituto Bíblico (Roma), foi realizada uma Conferência Internacional chamada: "Jesus e os fariseus: um reexame interdisciplinar". O evento contou com pesquisadores de diversos países: Argentina, Áustria, Canadá, Colômbia, Alemanha Índia, Israel, Itália, Holanda e Estados Unidos; e de diferentes confissões religiosas: judeus, católicos e protestantes. A proposta desse encontro foi de lançar novas luzes no relacionamento de Jesus com os fariseus. Neste sentido, o desejo era recuperar a verdadeira identidade desse grupo, sua implicação para continuidade da fé de Israel na história e assim modificar uma compreensão negativa, que trouxe sérias consequências para os judeus ao longo da história. Falando aos professores e alunos participantes do evento, Papa Francisco assim expressou sua esperança sobre essa Conferência:

> De fato, para amar melhor nossos vizinhos, precisamos conhecê-los e, para saber quem são, muitas vezes precisamos encontrar maneiras de superar antigos preconceitos. Por esta razão, a vossa conferência, estabele-

cendo relação entre credos e disciplinas com a intenção de alcançar uma compreensão mais madura e apurada dos Fariseus, permitirá que eles sejam apresentados de maneira mais apropriada no ensino e na pregação. Estou certo de que tais estudos, e as novas vias que eles abrirão, contribuirão para as relações entre judeus e cristãos, em vista de um diálogo cada vez mais profundo e fraterno. (In: RAMOS; MATOS, 2022)

A obra do Rabino francês, Philippe Haddad, *Como Jesus lia a Torá: sair do mal-entendido entre Jesus e os fariseus*, se junta a muitas outras pesquisas, nacionais e internacionais (cf. o XIX livro da Coleção Judaísmo Cristianismo: *Jesus, o Mestre entre os sábios*). O propósito da obra do Rabino é desconstruir estereótipos negativos, ligados à figura do fariseu. Com tristeza constata-se que "a história da interpretação favoreceu imagens negativas dos fariseus, mesmo sem uma boa base concreta nos relatos evangélicos". E que esses "estereótipos negativos infelizmente se tornaram muito comuns" (Papa FRANCISCO, 2019). Neste sentido, a obra de Haddad apresenta importante contribuição para melhor compreender a relação de Jesus, o Rabi de Nazaré (cf. Jo 1,38.49) com os fariseus.

Rabino Philippe Haddad, incansável promotor da paz, busca através de seus escritos, associados com sua práxis, construir pontes inter-religiosas. Por esse motivo, em 11 de julho de 2021, recebeu importante prêmio da Associação de Amizade Judaico-Cristã da França, devido ao seu envolvimento no diálogo inter-religioso na região parisiense na Diocese de Evry-Essonne e Paris. Na abertura da cerimônia, destacando um aspecto de seu trabalho, assim falou Jacqueline Cuche (Presidente de honra da Associação Amizade Judaico Cristã da França):

> Você escreveu, portanto, uma série de livros pequenos, mas densos em conteúdo, que iluminam, como só um judeu pode fazer, a personalidade de Jesus e dão às suas palavras profundidade, restaurando sua dimensão judaica, permitindo assim ao seu leitor perceber melhor a complexidade e a riqueza desta mensagem. A fim de desenvolver todas as dimensões da Boa Nova, a cristã, claro, mas também a judaica, que muitos cristãos ainda ignoram. (Revista *Sens* nº 440, jan-fev 2022, p. 12)

Rabino Haddad já é conhecido pelos leitores (as) da língua portuguesa, devido a três obras suas traduzidas e publicadas pela Coleção

Judaísmo e Cristianismo. Projeto idealizado pelo Centro Cristão de Estudos Judaicos em parceria com a *Fons Sapientiae* no ano de 2015. Esta sua obra é a 4ª dentre as 20 publicadas por esta coleção. Entre suas obras, escritas originalmente na língua francesa, destacam-se:
- a) *Jesus fala com Israel: Uma leitura judaica das parábolas de Jesus*, nº III;
- b) אבינו – *Pai Nosso: Uma leitura judaica da oração de Jesus*, nº V;
- c) *Fraternidade ou a revolução do perdão: História de fraternidade do Gênesis aos ensinamentos de Jesus*, nº XVII;
- d) *Como Jesus lia a Torá: sair do mal-entendido entre Jesus e os fariseus*, nº XX.

O judeu Haddad inserido na cultura de seu povo, ao ler os textos do Novo Testamento, cria diversas pontes e ajuda, assim, cristãos e judeus a entenderem melhor os textos sagrados a partir de sua condição natural.

Essa necessidade, de modo especial para os cristãos, de entenderem os textos bíblicos a partir de sua condição natural, Frei Pierre Lenhardt, a chamava de "À escuta de Israel na Igreja" (com esse título existem dois livros na Coleção Judaísmo e Cristianismo, nº XII e XIV). Através do processo de escuta Frei Pierre ensina-nos que existem dois movimentos, que ele os denomina: a) *Analítico*; b) *Sintético*. O primeiro, parte do Cristianismo rumo ao Judaísmo. Caracterizado "pela riqueza da fé cristã" que está ligada em Jesus Cristo. Essa ligação remete o (a) cristão (ã) ao encontro com o Judaísmo e suas fontes. Arremata Frei Pierre, "nestas fontes, eu busco então o que me faz melhor conhecer a Deus" (LENHARDT, 2020b, p. 195). O segundo, parte do Judaísmo em direção ao Cristianismo. Caracteriza-se por ser "inseparável do primeiro", e de forma graciosa, na "escuta do Judaísmo". Portanto, "a Igreja convida a uma semelhante escuta, que deve respeitar os judeus tais como são". Neste processo, aprendo mais sobre "si mesmo, de Deus, da humanidade e do mundo, esclarece minha fé sobre aspectos ignorados e insuspeitos do patrimônio comum ao Judaísmo e ao Cristianismo". Neste sentido, "Jesus Cristo e o Cristianismo são mais amplos do que os cristãos disseram até o presente" (LENHARDT, 2020b, p. 195-196).

É justamente neste movimento *sintético* em que a obra, e seu leitor (a) se encontram. Isto é, somos apresentados à riqueza da diversidade cultural perpassando os textos sagrados. E por isso, somos convidados a acolher, escutar, o que nossos "irmãos mais velhos", os judeus, têm a nos ensinar. Portanto, é inegável que o entendimento do texto, condiciona-se sob a fragilidade da falta de conhecimento das relações próprias no mundo das Escrituras. E, justamente, por isso, criam-se imagens negativas para o próprio povo da Bíblia. Papa Francisco, em sua audiência aos participantes da Conferência sobre "Jesus e os fariseus", assim falou: "um dos mais antigos e prejudiciais estereótipos é precisamente aquele do 'Fariseu', especialmente quando usado para colocar os judeus sob uma luz negativa" (In: RAMOS, MATOS, 2022).

Sendo assim, faz-se necessário acabar com esse mal-entendido. É preciso superar preconceitos. Essa superação acontecerá na medida em que aproximações forem feitas. Jesus, o Rabi de Nazaré, um dia disse aos seus discípulos: "Amarás o teu próximo como a ti mesmo" (Mc 12,31). "Assim, o amor ao próximo constitui um indicador significativo para reconhecer as afinidades entre Jesus e seus interlocutores fariseus. Certamente constitui uma base importante para qualquer diálogo, especialmente entre judeus e cristãos, inclusive hoje" (Papa Francisco. In: RAMOS; MATOS, 2022).

O livro *Como Jesus lia a Torá: sair do mal-entendido entre Jesus e os fariseus,* apresenta-se em três capítulos. O primeiro desenvolver-se-á através de uma abordagem histórica. Situado no contexto do Segundo Templo, tratará de algumas possíveis leituras da Torá inserida nas comunidades judaicas deste período. No segundo capítulo, a temática será em torno da figura do fariseu. Para isso, será apresentado sua origem e algumas características próprias do farisaísmo intra e extrabíblico. O terceiro capítulo, o mais denso, revela-nos uma intrigante perspectiva, isto é, os fariseus no evangelho. Tem como ápice, este capítulo, uma provocação levantada por Haddad, a partir do texto encontrado no capítulo 23 do Evangelho segundo Mateus. Ali se encontram os "sete ais" que Jesus proferiu contra os fariseus. O que nos surpreende, é uma leitura conciliadora. Colocando Jesus e seus compatriotas em uma discussão familiar, ou quem sabe, profética. Pondo-nos diante da verdadeira identidade desse grupo.

Enfim, por tudo o que foi descrito, acredito que essa obra, do Rabino Philippe Haddad, torna-se uma leitura, eu diria, quase que obrigatória para os apaixonados pelas narrativas bíblicas. O ouvinte-leitor se sentirá envolvido pelas discussões levantadas, pelo autor. Essas discussões têm o propósito de criar novas possibilidades, novos caminhos. Esse é o mundo no qual o Verbo "armou sua tenda" no meio de nós (Jo 1,14). A intenção, dessas discussões, não é gerar animosidade. Muito menos violência. Ao contrário! Ela coloca-se como meio de alcançar o maior número de possibilidades. "'Qualquer discussão iniciada em nome dos Céus irá manter-se. Qual é o tipo de *makhloket* em nome dos Céus? (*Abot* 5,17). Aquela entre Hillel e Shamai. Deus sabe que estes dois mestres, que antecederam Jesus, cultivaram desacordo em tudo!" (HADDAD, 2022, p. 134). Poderíamos completar, mas nunca lhes faltou o respeito.

Professor Marivan Soares Ramos
São Paulo, Abril de 2022.

Introdução

Abertura de Espírito

Jesus e os fariseus! Inimigos irmãos! Ao ler os Evangelhos, é difícil não encontrar esse casal antagônico. João Batista e Jesus, seguindo-o, não medirão suas palavras agressivas contra esse grupo, poucos em número na época do Segundo Templo, mas social e religiosamente influentes. "Geração de víboras", "sepulcros caiados" e outras, estas palavras passaram pela história e forjaram consciências, que o dicionário herdou. Sem o evangelho, os fariseus teriam permanecido completos estranhos. Nos Evangelhos, eles aparecem na esquina de uma rua, no meio do Shabbat, como inquisidores supremos. Um grupo sem rosto e sem nome, acusadores permanentes. A sua presença é explicada por uma necessidade literária, histórica e/ou teológica? E sua ausência manteria a coerência da Boa Nova? Um de nossos alunos aceitou o desafio de reescrever sem contendas e sem acusações. O relato e os ensinamentos de Jesus permanecem consistentes. A imagem de Jesus é até mesmo apaziguada enquanto sua boca se esvazia dos insultos e humilhações que ele também condena em seu *Sermão da Montanha*.

Hoje, conferências e livros são dedicados aos fariseus.[1] Por meio de nosso livro, que faz parte de nossa coleção de uma leitura judaica dos Evangelhos, gostaríamos de dar nossa modesta contribuição, na esperança de esclarecer alguns mal-entendidos. Atualmente, as relações entre judeus e cristãos revelam uma grande maturidade de escuta, compreensão e boa vontade para construir a casa da Fraternidade. Dois sinais dessa maturidade: muitos pesquisadores do mundo judaico (acadêmicos, rabinos, independentes) leem os Evangelhos e os comentam,

---
[1] Citemos o colóquio "Jesus e os fariseus" (Roma 7 a 9 de maio de 2019), presidido pelo Papa Francisco.

ouvem os ensinamentos de Jesus, concordam, questionam ou criticam, mas sempre com cortesia; muitos cristãos (padres, pastores, fiéis) sentem um verdadeiro mal-estar diante dessas histórias evangélicas onde fariseus e os judeus são vilipendiados sem nenhuma moderação.

"Conhece-se uma árvore pelos seus frutos" (Mt 7,16), Jesus ensina. Esse interesse e essa doença significam, portanto, que através deste diálogo plantamos uma árvore com raízes sólidas que os rumores das querelas e dos equívocos de ontem não poderão mais desenraizar.

Afinal, quem eram os fariseus? Quanta objetividade e subjetividade os Evangelhos revelam? Como Jesus lia a Torá? Tentaremos responder a essas perguntas em duas etapas.

Em primeiro lugar, tomaremos a pena do historiador para manter a neutralidade da escrita, depois retomaremos as principais acusações de Jesus contra os fariseus, sem ser exaustivos. Do que ele os culpa? Ele condena todo o movimento sem qualificação? Tal como acontece com nossos outros livros, nossa postura permanece inalterada: um judeu lê os Evangelhos em relação à Torá de Israel. Sentado aos pés de Jesus, ouço sua palavra e me pergunto: Como Jesus, que constantemente cita as Escrituras, leu a Torá e os Profetas? Como a vida judaica é enriquecida? Como a leitura se abre para o universal? E se Jesus, por meio de suas duras críticas aos fariseus, oferecesse uma lição magnífica de Judaísmo, a chave para (re)ler a Torá? E se a Lei fosse ampliada por isso? E se sua leitura, em última instância, pacificasse as relações entre Israel e as nações para a glória do Pai? ...

Para uma leitura judaica dos Evangelhos

Após anos de trabalho, propomos uma estrutura, nosso credo, em dez pontos, que reflete o espírito de nossas investigações.

1. *A leitura judaica dos Evangelhos* se realiza no espírito do Vaticano II, sem excluir outras expressões religiosas cristãs.
2. *A leitura judaica dos Evangelhos* não questiona a verdade do texto do Evangelho como primeira verdade cristã.
3. *A leitura judaica dos Evangelhos* não põe em causa a fé cristã fundada na morte e ressurreição de Jesus, que assim se tornou Cristo, *Christos*, Messias, *Mashiah* para a fé cristã

4. *A leitura judaica dos Evangelhos* procede questionando o texto do Evangelho, como questionando a Torá, e não pelo pressuposto da fé cristã.
5. *A leitura judaica dos Evangelhos* situa a história no contexto histórico do Segundo Templo antes de sua destruição em 70.
6. *A leitura judaica dos Evangelhos* pode endireitar a imagem dos fariseus ou dos judeus se refletir uma polêmica atitude contrária à realidade histórica ou oposta muito frontalmente à verdade da identidade judaica histórica.
7. *A leitura judaica dos Evangelhos* não se refere às leituras subsequentes propostas pela Patrística e os vários concílios anteriores ao Vaticano II.
8. *A leitura judaica dos Evangelhos* obriga-se a traduzir, na medida do possível, os Evangelhos, transmitidos em grego, hebraico ou aramaico do Segundo Templo, e compreenderá o texto do Evangelho apenas na coerência deste vocabulário semítico.
9. *A leitura judaica dos Evangelhos* pode revelar convergências entre os ensinamentos de Jesus segundo os evangelistas e os ensinamentos dos rabinos mencionados no Talmud e no Midrash, sem aumentar a fé de alguns nem diminuir a fé de outros.
10. *A leitura judaica dos Evangelhos* em nada põe em causa os fundamentos da fé de Israel, distinta da Igreja, mas lança os fundamentos para o diálogo fraterno.

CAPÍTULO I
Abordagem histórica

1.1 O Judaísmo do segundo Templo

Os Evangelhos testemunham, com quatro escritos ou versões, do nascimento, da vida, da morte e da ressurreição de Jesus. Os projetores concentrados sobre a sua personalidade, seus milagres, seus ensinamentos e sua Paixão, deslumbram-nos a ponto de obscurecer partes da história que sentimos importantes lembrar a fim de analisar, objetivamente, os acontecimentos mencionados; e para colocar os fariseus de volta no movimento histórico que viu o seu nascimento.

Coloquemos, portanto, alguns marcadores para mergulharmos no período do Segundo Templo, um período de mais de seis séculos, que foi muito fértil em nível intelectual, espiritual, social e político.

1.1.1 De Ciro a Alexandre

Em 586 AEC, Nabucodonosor destruiu o Templo de Salomão. A maioria da população do reino da Judeia é deportada para Babilônia. Em 539 AEC, Ciro, o Grande, triunfou sobre Babilônia, e se torna o governante de todo o Oriente Médio.

A era do Segundo Templo começa em 538 AEC, quando o governante persa autoriza os judeus[1] que desejam regressar a Jerusalém (Is 1,1 e ss.)[2] para construir o Segundo Templo. Termina em 70 EC, com a des-

---
[1] Já não se fala dos hebreus, mas dos judeus (do qual a palavra *judeu* é derivada em francês). O território da judeus é a Judeia. Após a destruição do Segundo Templo, o Judaísmo nasceu como a religião dos judeus.
[2] O cilindro de Ciro, descoberto em 1879, menciona o regresso dos prisioneiros babilônicos, cada um à sua pátria original, sem menção explícita dos judeus.

truição do santuário por Tito e as suas legiões. Pode ser prolongado a 135 EC, com o fracasso da segunda revolta de Bar Kokhba contra Roma.

Assim, por volta de 516 AEC, o Segundo Templo, muito mais modesto do que o de Salomão, foi construído sobre as ruínas do primeiro.

Em 333 AEC, apareceu no cenário da história uma nova potência: a Grécia, e o seu herói, Alexandre o Grande. Embora a Judeia fosse uma simples região para o jovem conquistador, a sua influência foi mantida na Judeia através do Helenismo.

Através desta presença, a fé e a prática judaicas, garantida pela proteção de Alexandre,[3] sofreu uma dupla reação:

1. Retiro para ortopráxis, por medo de assimilação;
2. Abertura da assimilação;
3. Abertura à cultura dominante, que vai desde uma sincrética forma judaico-helenística (código de vestuário, língua, educação, etc.) a uma adesão ao modelo cultural grego.[4]

Pode dizer-se que este período assistiu ao nascimento da religião judaica, tal como se falava da religião grega. Antes disso, a identidade "judaica"[5] se afirma pela pertença ao povo de Israel, em segundo lugar pela fé (a palavra religião não existe na Bíblia). Assim a declaração de Rute 1,16 para a sua conversão: "O vosso povo será o meu povo (primeiro), e o vosso Deus será o meu Deus (em seguida)". Da mesma forma, a "bela cativa" de Deuteronômio 21,11 está integrada na nação por casamento, e não por um (longo) processo de rituais de aprendizagem.[6]

A partir do período grego, a religião torna-se decisiva, e o candidato para integração pede ao mestre, o rabino, para ensinar-lhe a Torá para oficializar a sua entrada. Hoje, a conversão, seja ela ortodoxa ou liberal se realiza pela aprovação de três rabinos que formam um corpo acolhedor (*beth din*). E se esta pessoa quiser estabelecer-se em Israel (*aliá*), ela deve fornecer um certificado de judaicidade emitido por uma autoridade rabínica.

---

[3] O Talmud e o *Midrash* permanecem geralmente positivos sobre Alexandre porque ele não destruiu o Templo.
[4] O mesmo fenômeno ocorrerá após a Revolução Francesa, entre o *Haskalá* e a ortopraxia judaica.
[5] Este anacronismo (pois devemos dizer *hebraico*) destina-se a atualizar o nosso ponto de vista.
[6] Vestígios desta definição de identidade podem ser encontrados em alguns judeus que afirmam fazer parte do povo de Israel, sem praticar as *mitzvot*, ou mesmo sem acreditar em Deus.

Esta dinâmica continua a ser uma questão séria e atual dentro do mundo judeu. Se a identidade judaica é definida em referência à religião, onde deveria colocar o cursor da religiosidade? De acordo com os ortodoxos ou de acordo com os progressistas? Porque deveria apenas um filho de uma mãe judia ser judeu, e não filho de um pai judeu, ainda que ambos possam ter educação religiosa? Além disso, no caso de um pai judeu, a criança carrega um sobrenome judeu. O senso comum vê na definição religiosa uma injustiça, enquanto o critério de identificação por pertencer a uma comunidade elimina este problema.

1.1.2 A Helenização

Quando Alexandre morreu, 323 AEC, seu império foi dividido entre seus generais e seus descendentes. Os selêucidas herdam a Síria, fronteira da Judeia. O historiador e o arqueólogo nos mostram que, aos poucos, o helenismo vai conquistar o espírito das letras, da aristocracia, que aderem a esta cultura pela escolha do prenome (Jason, Alexandre, etc.), da arquitetura, e da arte; enquanto as pessoas continuam fiéis às suas tradições: a oração, a prática de mandamentos e estudo da Torá.

Em 175 AEC, um sacerdote (*cohen*)[7] irá adquirir a função de sumo sacerdote do Templo de Jerusalém e será chamado de Jason. Dois anos depois será suplantado por um não descendente de Aarão, Menelau, que dará continuidade à helenização de cidade. A ruptura torna-se cada vez maior entre a aristocracia helenista de Jerusalém e as pessoas que habitam o resto da Judeia.

Podemos dizer que este período contribui para o nascimento de "seitas" (correntes do pensamento) no sentido dado por Flávio Josefo,[8] para conhecer grupos mais ou menos importantes, que vivem concentrados em valores que eles gostariam de manter. Porque o encontro com a cultura grega acarretava o medo de desaparecer. Outros pequenos grupos vão querer usar a força para repelir inimigos (gregos ou judeus helenizantes).

---

[7] *O cohen*, o pontífice (aquele que faz a ponte entre o céu e terra), necessariamente descendente de Aaron de acordo com os critérios da Torá (Ex 40,13-14).
[8] De origem sacerdotal (*Cohen*), ele afirma ser Fariseu, assim como Paulo

O rei selêucida Antíoco IV, apelidado Epifânio, interrompe sua guerra para ir para Jerusalém, entre outras coisas a fim de usar o tesouro do Templo para continuar seus combates em 167 AEC. Compreendendo a oposição entre monoteísmo da cultura dos judeus e a cultura grega, ele toma medidas enérgicas, uma ação forte contra a religião judaica, principalmente a proibição de leitura pública da Torá e a prática do *berit milá* (pacto de circuncisão). O seu objetivo final visa remover a parede entre os judeus e os gregos; o particularismo sendo, aos seus olhos, uma fonte permanente de conflito. Quando ele volta a guerrear, eclode uma revolta na Judeia contra os helenizantes e os gregos que ocupam Jerusalém.

Esta rebelião será liderada por Judas e seus irmãos, filhos do sumo sacerdote Matatias da família dos Hasmoneanos. O seu apelido Macabeu[9] permanecerá na história através do livro epônimo, não canonizado em Bíblia hebraica. Esta revolta conseguiu fazer rechaçar os helenizantes e libertar o Templo para dedicá-lo uma vez mais ao culto do Eterno. Esta vitória dará mais tarde origem à festa de Hanuká "Inauguração".[10]

Após esta vitória em 164 AEC, a Judeia recuperou a sua independência política perdida desde a destruição do Primeiro Templo; e o a família hasmoneana começou a governar o novo Estado. Infelizmente, sendo o poder fonte de corrupção, de uma geração à outra, contra o que os Hasmoneanos tinham lutado, tornaram-se a sua própria cultura, afastando-se da prática judaica e imitando a cultura grega. Um novo conflito religioso irá então opor-se aos Hasmoneanos e os homens piedosos, chamados *hassidim* no livro de Macabeus. De fato, estes últimos, apoiando-se na Torá de Moisés censuram os sacerdotes, descendentes de Matatias, por se terem proclamado reis. No entanto, os poderes político, religioso e legislativo, devem imperativamente ser separados de acordo com Deuteronômio 17,18. Estes *hassidim* serão a origem do movimento fariseu, os *perushim*, ou seja, os "separados".

Sublinhemos este paradoxo irônico: os Hasmoneanos que lutaram pelo particularismo judaico tornaram-se os promotores da aculturação grega.

---

[9] Origem questionável. O termo vem do grego "martelo", na imagem de Charles Martel.
[10] A tradição relata que Judas acendeu o candelabro de sete ramos com uma quantidade de óleo que podia arder durante um dia. Ocorreu um milagre e o óleo queimou durante oito dias.

1. Esta separação entre um sacerdócio aristocrático pró-helenista (e mais tarde pró-romano) e o resto do povo conduzirá a uma ruptura e dará origem a uma fragmentação de movimentos.
2. Os saduceus, que afirmam ser de um antepassado chamado Sadoc Ha-Cohen, constituem os sacerdotes que administram o culto no Templo em Jerusalém.
3. Os Fariseus, o tema do nosso livro, que querem ser fiéis ao estudo da Torá (superior aos sacrifícios) à prática dos mandamentos.
4. Os Essênios que formam comunidades de estrita observância (mais severa que a dos fariseus) e que vivem no deserto da Judeia (especialmente Qumran).[11]
5. Os fiéis da sinagoga,[12] independentes dos fariseus (suas sinagogas trazem mosaicos figurativos, e o ritual permanece flexível), que do ponto de vista de uma ortopraxia estrita são considerados como ignorantes, mesmo pecadores (talvez os dos Evangelhos), e um conjunto de marginais, economicamente fracos.

1.1.3 Roma em Jerusalém

Em 63 AEC, o período de independência nacional termina quando o General Pompeu conquista a Judeia. Roma declara o país um protetorado. Concretamente, o Estado mantém seu rei e sua total autonomia para assuntos internos e a administração do culto; mas ele tem que pagar impostos ao Império Romano e lhe deve obediência para relações exteriores. A presença romana é sentida pela construção de muitas cidades (Cesareia, Cafarnaum, Massada), mas também por opressão econômica. Roma encontrará no rei Herodes um aliado fiel. Este imitando o rei Salomão, embeleza o Templo e constrói Jerusalém. Com sua morte em 4 AEC, seus filhos lutam pelo trono. Uma década depois, para acabar com essas tensões, Roma proclama a Judeia, uma província romana, uma região sob a tutela do império, governada por um representante: o procurador, que exerce seu poder em nome de Roma. Nesta década nasceu Jesus, um judeu da Galileia, sensível à pobreza e ao enfraquecimen-

---

[11] Em referência ao historiador Flávio Josefo (37 – 100 EC).
[12] S.C. Mimouni, *O Judaísmo Antigo do século 6 AEC ao século 3 EC*, PUF.

to de seu povo "as ovelhas perdidas de Israel", e quem teve o destino que o conhecemos de acordo com os Evangelhos.

Em 67 EC, eclode uma revolta contra a dominação romana. Os judeus mantiveram a memória de Judas Macabeus. Mas a revolta falha, e em 70, Jerusalém é destruída e o Templo entregue às chamas (este luto é lembrado pelo jejum de 9 de *Av* – julho-agosto). Uma segunda tentativa ocorrerá entre 133 e 135 EC, estimulada por um fanático, Bar Kokhba, mas que também terminará em um terrível fracasso (tomada de Massada, mudança de nome de Judeia para Palestina,[13] e de Jerusalém para *Aelia Capitolina*).

Podemos considerar que o período do Segundo Templo termina com este duplo traumatismo nacional.

1.1.4 O Judaísmo e o Cristianismo

No plano religioso, dois movimentos sobreviverão ao superar a catástrofe: o Judaísmo rabínico e o judaico-cristão. O Judaísmo rabínico enfatizará o estudo do Torá, oração individual e sinagoga e a prática dos mandamentos, na esperança do regresso a Sion. Os Cristãos (judeu-cristãos e gentio-cristãos) viverão a sua fé na esperança da volta de Cristo na glória.

Quando o imperador Constantino em 280 – 337 EC, fizer do Cristianismo a religião oficial do império, será estabelecida uma nova relação entre a Igreja e a Sinagoga.[14] Isso é uma outra história!

1.2 A Torá e as suas leituras

1.2.1 A Torá como Lei

Ao mesmo tempo em que todos estes eventos, entre o V e o III século AEC, mudam a estrutura social, política, cultural e cúltica do povo judeu, um fato inicialmente modesto marcará o futuro do Judaísmo: as formas de ler a Torá.

---

[13] Terra dos Filisteus, os inimigos bíblicos dos hebreus.
[14] Cf. Jean Dujardin, *L'Eglise catholique et le peuple juif*, (A Igreja Católica e o Povo Judaico).

Esta Torá (Pentateuco) - definitivamente escrita no momento do regresso do exílio da Babilônia (ou seja, no século V AEC) – apresenta em primeiro lugar a saga histórica do nascimento de Israel até à morte de Moisés, mas também contém legislação, uma "Lei" (*Nomos* segundo a tradução da LXX), termo retomado pelos Evangelhos e por Paulo. A história de Israel e a identidade judaica permanecerão ligadas, ano sim, ano não, a esta Torá e a sua Lei.

Esta Lei, que compete a todo o povo de Israel como uma "nação de sacerdotes" (Ex 19,6), é vivida numa forma de pensar, falar e agir, englobando todas as áreas da atividade humana privada e pública. Podemos falar de uma fé ativa (*emuna maassit*). A Torá não propondo qualquer dogma de crença (para além da proibição da idolatria), apenas a prática dos mandamentos, estabelece a ligação com Deus, nunca definido teologicamente.

Os profetas, no prolongamento da lei da mosaica, enfatizarão o imperativo ético da justiça e do amor.

Para a Bíblia, a *mitzvá*, com base nesta ética, constitui o espaço para o encontro entre o humano e o divino (Dt 6,5). É por isso que a *mitsvá* permanece sempre primeiro (mesmo nos movimentos liberais). Esta *mitsvá* desempenha para o Judaísmo o papel da fé para o cristão.

Em termos simples, o judeu primeiro faz, e depois acredita;[15] o cristão primeiro acredita e depois faz. Onde é que Jesus se encaixa neste esquema?

Mas tenha cuidado, na época do Segundo Templo havia várias formas de ser "judeu", várias formas de "fazer" a Lei, de a cumprir. Digamos que os judeus se relacionam com Deus através da Torá - o livro da nação judeana - mas cada grupo tem seu modo de interpretação.

1.2.2. Necessidade de interpretar a Torá?

Por que interpretar a Torá? A letra não é suficiente por si só? Não! E por três razões, pelo menos:

---

[15] De acordo com uma leitura midrashica do verso "Vamos fazer (primeiro) e depois ouviremos" (Ex 24,7).

1. Pois a Torá era oral antes de ser escrita. De acordo com a coerência do Pentateuco (não vamos entrar aqui nos debates sobre os diferentes estratos arqueológicos), Moisés, aliás, fez um discurso aos filhos de Israel, como todos os profetas. Um verso recorrente o afirma: "O Senhor (YHWH) falou (*vaydaber*) / disse (*vayomer*) a Moisés (*Moshe*) para dizer *(lemor)*, ou seja, para transmitir pela boca; e tu lhes dirás ...". Apenas oral, portanto, o que implica uma memória a ser transmitida. O que Moisés escreverá em seguida,[16] constituirá apenas um lembrete circunscrito deste ensino oral. Pensemos nas notas de cursos. Por exemplo, a Torá (Nm15,37-41) fala dos *tzitzit*, franjas rituais a serem colocadas no canto das roupas, sem dar o *modus operandi*. Em outras palavras, a Torá não permanece altamente significante apenas para o público direto. A interpretação busca redescobrir esta oralidade perdida.
2. A segunda razão está no princípio: nenhuma *letra* sem *espírito*. Nós vamos pegar emprestado o paradigma paulino, que nos parece eloquente aqui, embora Paulo entenda isso na sua fé em Cristo. Por interpretação, o pesquisador tenta encontrar o implícito no explícito.
3. Um último motivo justifica a necessidade da interpretação: a Torá é muitas vezes evasiva, incompleta, às vezes contraditória, daí o trabalho exegético. Ainda é concebível que o texto massorético final foi escrito com conhecimento de causa de suas deficiências, a fim de dar autoridade aos mestres de interpretá-lo para preencher as imperfeições. Um texto fechado em si mesmo não tem mais necessidade de guia de leitura, o texto aberto diz "Interprete-me".[17] Assim, na Torá oficial está escrito (Gn 4,8): "E disse Caim[18] *a Abel*, seu irmão; e quando eles estavam no campo e Caim se levantou sobre Abel seu irmão e o matou". O TM deixa em aberto a fala de Caim a Abel. Ora, a Torá samaritana traz: "E Caim *disse a Abel* seu irmão: 'vamos ao campo'". Os samari-

---

[16] Cf. Ex 24,4; 34,28; Nm 33,2; Dt 31,9.
[17] Expressão do Midrash para justificar um comentário.
[18] Em hebraico, verbo transitivo que implica um COD: complemento do objeto direto.

tanos fecharam a lacuna, lá onde a tradição massorética queria deixar em aberto, para possíveis interpretações. O que fazem, precisamente, os evangelistas, senão reler a Bíblia à luz das boas novas crísticas?

1.2.3 As seitas judaicas e sua Torá

Como as principais correntes judaicas liam a Bíblia, ou seja, a interpretavam? De início cada grupo usava um vocabulário particular para falar de sua hermenêutica. Então os fariseus falavam de *massorá* "transmissão" ou mais precisamente "transmissão dos pais" ou "dos anciãos", a fim de manter o vínculo geracional desde Moisés. Os fariseus se recusavam a considerar seus exegetas como emanando deles mesmos, até mesmo a renovação do significado (*hiddush*) permanecia apegada à revelação sinaítica. Deste modo lemos no tratado de *Abot* (Pais 1,1): "Moisés recebeu a Torá no Sinai e a transmitiu a Josué, e Josué a transmitiu aos Anciãos...".

A comunidade de Qumran tinha uma abordagem diferente. Ela estava, de fato, convencida de possuir a Torá original, interna, esotérica, enquanto as pessoas, uma Torá externa e exotérica. Como que ela explicava esta posse de uma Torá autêntica? Por uma nova revelação de um texto original acompanhado de rituais específicos. Aos seus olhos, os fariseus se desencaminharam com a Torá exotérica.

Assim, no documento 4QMMT (*Miqsat Ma'ase ha-Torah*) (Algumas observâncias da Lei: conclusão), apelidado a *Carta Halákhica*, há cerca de vinte leis relativas ao Templo e regras muito estritas de purificação. A comunidade de Qumran se vangloria de respeitar essas regras com grande meticulosidade, de onde seu isolacionismo, especialmente em relação a fariseus.

O *Apocalipse do Livro dos Jubileus* (cap. 23),[19] proveniente de outra comunidade no deserto de Judá, alude a esta separação, mencionando "os filhos justos e pais pecadores". Ou seja, os essênios constituem os autênticos justos porque conhecem a verdadeira Torá, enquanto os an-

---

[19] O Livro dos Jubileus não faz parte do cânon, porque apresenta-se como um midrash, que elucida as questões apresentadas pelo TM.

ciãos confiam apenas em uma Torá externa. A Igreja vai retomar por muito tempo este tipo de argumentação: a Torá lida por Israel é antiga, em comparação com a nova Torá relida pelo Evangelho. O Islã argumentará nesse sentido, igualmente, afirmando que os judeus falsificaram o texto, e que a Torá original é o Alcorão.

Os saduceus proporão outra leitura. De acordo com Flávio Josefo, este grupo aristocrático, próximo dos romanos, reuniu algumas centenas de famílias. Para o Prof. Jacob Z. Lauterbach, sua interpretação foi baseada em uma passagem de Deuteronômio 17,8-13 que dá todas as prerrogativas aos sacerdotes e levitas em matéria de direito: "De acordo com a doutrina que eles te ensinarão, de acordo com a regra que te indicarão, prosseguirás; não te desvies do que dirão nem para a direita nem para a esquerda".

Finalmente, citemos os Samaritanos que se apegaram apenas ao texto escrito, sem extrapolação e sem nenhuma referência a uma tradição oral. Observemos, entretanto, que a Torá samaritana difere do TM pelo fato de suas adições para preencher as falhas, conforme mencionado acima.

O que constatamos? Na época do Segundo Templo, antes do surgimento do Cristianismo, existe uma Torá escrita, consensual para todo o povo de Israel - do qual nem um iota nem mesmo seu traço pode ser questionado, sob a pena de invalidar todo o texto - mas há simultaneamente várias leituras possíveis.

1.2.4 Uma Torá, diversas comunidades

O que consideramos hoje como um fenômeno moderno de pluralização de abordagens (das mais ortodoxas às mais liberais) expressa, de fato, um retorno à situação de culto da época do Segundo Templo.

Ao sair da abordagem histórica, e considerando apenas o texto bíblico, podemos postular que este pluralismo religioso remonta à origem do povo de Israel com suas 12 tribos. Haveria 12 maneiras de ler a Torá e, portanto, 12 maneiras de se relacionar com YHWH. Os Cabalistas enfatizam que o tetragrama se combina, de fato, de 12 maneiras diferentes.[20]

---

[20] Fatorial 4 dividido por 2 por causa do duplo *he* = 12.

Voltando aos próprios três patriarcas propriamente ditos teríamos três maneiras de ir a Deus: o Deus de Abraão, o Deus de Isaac e o Deus de Jacó. Se Abraão ≠ Isaque, e se Isaque ≠ Jacó e se Jacó ≠ Abraão, então há pelo menos "3 Judaísmo em 1", nenhum se impondo aos outros, mas cada um se colocando em complementaridade de outros.

Nos *tefilins* (filactérios) da cabeça, aparece um *shin* (a letra ש) com 3 ramos de um lado e um *shin* de 4 pontas do outro. Alguns veem aí os 3 patriarcas e as 4 matriarcas (em psicanálise, o 3 se refere ao masculino e o 4 no feminino). Aqui, não só haveria 3 formas masculinas de ser Israel, mas também 4 modos femininos de ser. Observemos que as *tefilins* contêm, entre outros, o *Shema,* ou a proclamação da unidade de Deus (Dt 6,4). Não há unidade sem pluralidade.

Este vínculo com a anterioridade permanece um dado invariável para estabelecer uma autoridade religiosa. Quando a seita de Qumran se refere à Torá autêntica contra uma Torá aviltada, ela age como os fariseus que representam a Torá oral (ou seja, a *sua* Torá oral) no mesmo nível que a Torá escrita.[21] O Islã que afirma um Adão muçulmano imita o Cristianismo que, através de João, coloca Jesus no início de tudo. Quem quer se apropriar da origem apropria-se da autoridade, daí os conflitos em torno desta origem.[22]

As seitas judaicas, portanto, muitas vezes entraram em confronto com invectivas violentas, ao redor da autenticidade de suas interpretações, que Flávio Josefo nomeia *akribeia* grega, o "conhecimento exato".[23]

1.3 Os Movimentos messiânicos

Um fator decisivo dará um impulso a certos grupos no período do Segundo Templo: a espera messiânica. A fim de compreender a importância deste fenômeno, devemos analisar a sua expressão histórica. Pois houve momentos de Israel em que ele se expressou e outros onde se ausentou.

---

[21] A vantagem desta equivalência se exprime na possibilidade de interpretar livremente a Torá escrita, ou mesmo para adaptá-la. Gostamos desta ideia farisaica que nos permite lutar contra o fundamentalismo, com a condição de manter a dinâmica de uma tradição oral.
[22] Daniel Sibony *Les trois monothéismes*. Ed. Le Seuil.
[23] Usado por Paulo em At 22,3.

Determinemos que esta expectativa messiânica deriva de uma concepção específica da visão hebraica da História, entendida como linear e não como circular. Os povos antigos não têm uma História, devido à circularidade do tempo (o eterno retorno).

Ao inaugurar a Torá com um Início (absoluto ou relativo), o hebreu sugere um após de dias, ou seja, um mundo novo diferente do antigo, a passagem de um mundo da natureza a um mundo da moralidade, de um mundo do egocentrismo para o mundo do altruísmo, de um mundo da violência para o mundo do amor.

Estas esperanças eram numerosas na história judaica e Flavio Josefo fala delas em *A Guerra Judaica*. Os grupos essênios apegaram-se largamente a esta esperança. O fenômeno era tão intenso antes da destruição do Templo, que algumas pessoas "inspiradas" anunciaram o fim de Jerusalém e o nascimento de uma nova era.

Aqui está uma passagem de *A Guerra Judaica* (L. 6):

> Este é o mais terrível de todos estes presságios: um certo Jesus,[24] de Ananias, de condição humilde e vivendo no campo, foi, quatro anos antes da guerra, quando a cidade gozava de uma paz e de uma prosperidade muito grandes, para a festa onde é habitual todos armarem tendas em honra de Deus. De repente ele começou a gritar no Templo: 'Voz do Oriente, voz do Ocidente, voz dos quatro ventos, voz contra Jerusalém e contra o Templo, voz contra os novos maridos e novas esposas, voz contra todo o povo!' E caminhava, gritando estas palavras dia e noite em todas as ruas. Alguns cidadãos notáveis, irritados com estas palavras de mal agouro, agarraram o homem, maltrataram-no e bateram-lhe. Mas ele, sem uma palavra de defesa, sem uma oração dirigida àqueles que lhe batiam, continuava a dar os mesmos gritos de antes. Os magistrados, acreditando, com razão, que a agitação deste homem tinha algo de sobrenatural, conduziram-no perante o Governador romano. Aí, golpeado com chicote até aos ossos, não implorou, não chorou, mas respondia a cada golpe, dando à sua voz a inflexão mais lamentável que podia: 'Ai de Jerusalém!'
>
> O governador Albino perguntou-lhe quem era, de onde vinha, e por que pronunciava estas palavras; o homem não deu qualquer resposta, mas repetia sempre essa lamentação sobre a cidade, até que finalmente Albino,

---

[24] O nome *Yeoshua* era comum naquela época.

julgando-o como louco, libertou-o. Até ao início da guerra, ele não manteve ligação com qualquer um dos seus concidadãos; nunca foi visto falar com nenhum deles, mas todos os dias, como uma oração aprendida, repetia o seu lamento: 'Ai de Jerusalém!' Não amaldiçoava aqueles que lhe batiam diariamente, não agradecia àqueles que lhe davam alguma comida. A sua única resposta a todos era este presságio sinistro. Era especialmente por ocasião das festas que ele gritava assim.

Durante sete anos e cinco meses perseverou no seu falar, e a sua voz não apresentava fraqueza ou fadiga; finalmente, durante o cerco, vendo se verificar seu presságio, caiu em silêncio. Pois ao contornar a muralha, gritou com uma voz aguda: 'Ai de novo à cidade, ao povo e ao Templo', acrescentou ele no final: 'Ai de mim', e imediatamente uma pedra atirada por um burro selvagem o atingiu e o matou. Morreu repetindo as mesmas palavras.

1.3.1 Os dois modelos messiânicos

As seitas judaicas conheceram dois momentos importantes no seu desenvolvimento: no momento dos decretos do rei sírio-grego Antíoco IV, e depois o sucesso dos Hasmoneanos e da independência da Judeia.

Isto ocasionou dois modelos messiânicos, que chamaremos: messianismo do desespero e messianismo da exaltação.

Pensa-se geralmente que o fenômeno messiânico aparece numa sociedade econômica e moralmente em crise, porque a escuridão dá esperança de luz. Este foi o caso durante a opressão grega e suas medidas antijudaicas (proibição da leitura da Torá, da circuncisão, da observância do Shabbat, etc.). O livro que corresponde a este período é o do profeta Daniel, que foi, de acordo com Flavio Josefo, o livro mais apreciado pelos judeus do segundo Templo. Pois ao contrário das outras profecias, ele propôs uma data de libertação, mesmo que a sua forma permaneça enigmática. Era apenas uma questão de descodificar, que propuseram diferentes grupos do deserto.

Quanto ao messianismo da exaltação, ele nasce da vitória (militar) "dos fracos sobre os fortes, dos poucos sobre os muitos", de acordo com a fórmula litúrgica de Hanuká.[25] Este triunfo impensável dos sacerdotes

---

[25] O que comemora esta vitória tanto como o milagre do frasco de óleo no Templo que ardeu durante oito dias em vez de um.

e camponeses da Judeia sobre o maior exército da época foi para *povos da terra* um milagre. O livro que traz este messianismo é o dos Macabeus (não incluído no cânon da Bíblia Hebraica).

Na nossa época contemporânea, a vitória da *guerra dos Seis Dias* em 1967 foi interpretada pelo sionismo ortodoxo como "o início da nossa libertação". Isto lhe dá a dimensão religiosa do conflito palestino-israelense, que infelizmente ainda não tem solução. Não há dúvidas que precisamos um pouco menos de divino e um pouco mais de humano.

Apenas uma solidariedade de proximidade, uma política corajosa e uma economia de partilha, poderia trazer uma paz definitiva.

1.3.2 Qumran e os fariseus

O manuscrito 4QMMT

Citamos um texto dos manuscritos do Mar Morto nomeado em hebraico *Miqsat maâssé hatorah* "Algumas (boas) ações do Torá", cognominada em francês e português, *Carta Halákhica* (doc. 4QMMT).[26] Esse texto coleta seis manuscritos, escritos em hebraico meio bíblico, meio rabínico, que uma vez recompostos oferecem cerca de 130 linhas.

Ele revela perto do século II AEC que o modo de cumprir as *mitzvot* aquecia os debates. Os autores se dirigem a um rei (Hasmoneano), escrevendo frequentemente "Nós dizemos (...) nós pensamos" contra adversários teimosos que, a propósito, os manuscritos nomeiam *buscadores de bajulação*, ou seja, os fariseus.[27] Na análise, os autores são próximos aos saduceus, responsáveis pelo Templo de Jerusalém, e que sempre baseiam sua argumentação em seu conhecimento perfeito "do livro de Moisés e dos livros dos profetas e de Davi".[28]

Por que os membros de Qumran se recusaram a prática farisaica que remonta a Esdras e à Grande Assembleia, optando por ritos e purificação mais severos?[29]

---

[26] Descoberto na década de 1950 e publicado em 1994, tanto por motivos de reconstituição como de direitos autorais.
[27] Essa acusação será encontrada nos Evangelhos.
[28] Ver Lc 24, 44. Isso prova que não falamos do *Tanakh*, nem da Bíblia. A questão permanece em aberto para saber o qual era o conteúdo do *Ketuvim* nessa época: apenas o Salmos?
[29] Os essênios ensinavam "ame os filhos da luz, e odeie os filhos das trevas". *Règle du vivre ensemble* (1,10); cf. *Sermon sur la montagne* (Mt 5,43).

Educação na época do Segundo Templo

A fim de responder, façamos um desvio sobre o modo de educação na antiguidade judaica. Esta educação dependia do pai - uma sociedade patriarcal: "Pergunta ao teu pai e ele te contará; interroga os anciãos e eles te dirão" (Dt 32,7). Mas a mãe também desempenhava o seu papel; de fato, no livro de Provérbios 1,8, lemos: "Ouve, meu filho, a moral (*mussar*) do teu pai, e não abandone o ensinamento (Torá)[30] de tua mãe".

Na verdade, a massa do povo permaneceu ignorante; e a expressão *âm haarets* "pessoas da terra", ou seja, os camponeses podiam significar na boca de algumas pessoas piedosas, e de uma forma condescendente, esta maioria silenciosa e inculta.[31]

No máximo, ela poderia cantar alguns versículos bíblicos, especialmente o *Cântico do Deuteronômio* 32. De acordo com Dt 31,19: "E agora escrevei para vós este cântico, e ensinai-o aos filhos de Israel e coloca-o em sua boca". Porque quem diz canto, diz tradição oral. Ao contrário da crença popular, o povo judeu não era imediatamente o "povo do Livro" ou da "interpretação do Livro". Tornou-se assim após a destruição do Segundo Templo, tal como se tornou monoteísta após a destruição do primeiro. Infelizmente, os choques elétricos da história despertam as consciências com mais frequência do que os discursos dos profetas e dos sábios.

Nessa altura, o conhecimento permanecia elitista, uma vez que o povo não sabia ler nem escrever. Na realidade, apenas sacerdotes e levitas possuíam os conhecimentos, de acordo com a bênção de Moisés em relação a eles (Dt 33,10): "Ensinarão Teus julgamentos a Jacó, e Tua Torá a Israel". Isto foi confirmado pelo profeta Malaquias, no momento do regresso do exílio da Babilônia (2,7): "Os lábios do sacerdote *(cohen)* preservarão o conhecimento *(daat)*; de sua boca procurar-se-á a Torá, pois ele é um emissário/anjo do Eterno Sabbaot".

Para Malaquias, o *cohen* desempenha o papel do anjo de Deus que, na Bíblia, transmite um ensinamento ou notícias. Sirácida (Eclesiásti-

---
[30] O termo Torá não designa somente o Pentateuco, mas também um ensinamento ético.
[31] Por exemplo, "o ignorante não pode ser piedoso" (*Abot* 2,5).

co) retomará a ideia (45,5). Daí a importância da educação dos filhos dos sacerdotes e dos levitas (ler, escrever, contar), em que a transmissão destes conhecimentos, de acordo com a forma consagrada "aprender para ensinar e para cumprir". Sobre a população judaica do século II EC, os investigadores estimam que 2 a 3% da população judaica sabiam ler e escrever.[32] Desta população, 5% dos homens leigos foram educados, enquanto as mulheres permaneceram analfabetas.

As coisas vão se desenvolver um século mais tarde com o rabino Simon ben Shetah, um mestre fariseu, (talvez o irmão da Rainha Salomé), presidente do Sinédrio, que abriu escolas no país e democratizou o saber.[33] Mais tarde ainda, os rabinos do Talmud (TB *Kidushin* 29 b) farão um favor aos pais de ensinar aos seus filhos a Torá (ler, escrever, contar) na sua lógica de democratização do saber.

1.3.3 Os essênios releem a Torá

É evidente que os essênios sabiam ler e escrever, e remergulhando no estudo dos textos, eles não chegaram às mesmas conclusões dos antigos fariseus.

Daí as expressões "nós dizemos" e "eles dizem", que lembram as antinomias de Jesus "Eles te disseram (...) e eu te digo (...)". Para representar um paralelo contemporâneo, a releitura da Torá por movimentos progressivos (*massortim*, liberais etc.) causa tensões pesadas com a ortodoxia pura e dura. "Eles dizem (...) e nós dizemos".

Agora temos uma boa quantidade da biblioteca Qumran recortada por escritos de Flávio Josefo. Descobrimos a que ponto essa comunidade unida e muito rígida (3 a 4 anos de teste antes de compartilhar a primeira refeição com o grupo), vivia diariamente, dia e noite, através da meditação da Torá, estavam envolvidos no trabalho de virtudes, praticando purificações permanentes.

Ao nível de abordagem da Torá, os essênios distinguiam claramente o que procede de Deus – valores eternos – deste que vinha de um anjo,

---

[32] William Harris *Ancienne littérature* (inglês) et Albert Baumgarten *Les sectes à l'époque du 2e Temple (*hebraico*)*.
[33] Simon C. Mimouni, citado acima. TJ *Kétubot* 8, 1

ou seja, os ensinamentos contingentes; sem falar da produção humana sempre sujeita ao debate.

Segundo o *Livro dos Jubileus*, de inspiração essênica, Enoque (Gn 5,18) foi o primeiro homem a introduzir a escritura. Enoque, em seguida Noé compuseram os livros, que foram transmitidos a Abraão e até Moisés e à tribo de Levi.[34] Parece que a disputa entre os diferentes grupos era muito virulenta, mas também muito estimulante intelectualmente, porque cada um investia no estudo do Livro, para demonstrar a melhor maneira de realizar as incontornáveis *mitzvot*.

Após a destruição do Templo, a sociedade judaica conhecerá duas maiores mudanças. Primeiro que tudo, a partir dos sábios de Yavne (entre 80 e 100 EC), esta sociedade judaica se tornará uma sociedade onde o desacordo não é apenas possível, mas até encorajado, desde que ele permaneça fundado em nome do céu (*leshem Shamayim*). "Esta e aquela são as palavras do Deus vivo". (TB *Eruvin* 13b). Segundo, a tradição oral retomará seus direitos.

Consideremos a originalidade do fenômeno: este retorno à tradição oral se expressa numa sociedade que sabe ler e escrever. Na verdade, a partir do Concílio de Yavne, o escrito e o oral agirão em sinergia: fulano ensina em nome de fulano de tal, a fim de guardar a memória, e nós escrevemos esta memória a fim de não a esquecer (daí a escrita da *Mishná* entre 200 e 220 EC).

Apenas uma geração onde se concorda em discordar ou não estar de acordo pode experimentar este retorno à oralidade. Só uma sociedade oral permite manter as divergências, o que não é possível se alguém depender apenas de textos fixos. É por isso que antes da destruição do Templo, as disputas se transformaram em raivas e invectivas, então depois eles se tornaram debates, nenhum mestre insultando outro porque ele não compartilhava de sua opinião.

1.4 Rabino das cidades e rabino dos campos: entre o campo e Jerusalém

Todos os anos, milhares de peregrinos vão rezar na Basílica da Anunciação, em Nazaré. Pois Jesus cresceu na Galileia, como criança do cam-

---

[34] Encontraremos este tema na Cabala, ou seja, que a ciência esotérica foi transmitida por Adão, Abraão e Moisés.

po. Suas imagens parabólicas atestam: as árvores e seus frutos, as pequenas casas, os pastores, a mulher necessitada, a refeição com amigos.

Jesus prefere a companhia de pessoas simples, do povo da terra (*âm haarets*),[35] majoritariamente iletrada, ignorante da prática farisaica das *mitzvot*, à dos habitantes da cidade, muito artificiais, muito presunçosos, muito desdenhosos em relação aos camponeses (em francês ou inglês, o termo pode ser condescendente, caipira, *bouseux, redneck*).[36] O povo da terra aqui se opõe ao *povo das cidades*.

Sem dúvida, muitos fariseus de Jerusalém, "institucionalizados, burocratizados" em suas cabeças, assemelham-se, apesar de suas diferenças religiosas, aos saduceus de Templo. Suas roupas, sua aparência revelam o "excessivo".[37]

Desde então, Torá já adverte o rei (de modo geral os dirigentes) contra este "excessivo": não a *excessiva* riqueza, não a *excessivas* esposas, não a *excessivos* cavalos. Porque o risco do orgulho, do excesso permanece à espreita no coração de cada homem (Dt 17,14-20). Trata-se da tentação de brilhar que Jesus chama de desejo do "primeiro lugar na festa" (Lc 14,7).

Os Evangelhos trazem em minúcia esta oposição sociológica entre o Judaísmo do campo e o Judaísmo de Jerusalém; entre um Judaísmo bem-humorado, sem excesso, onde a religião é vivida em harmonia com a vida camponesa, e ritualmente muito elaborada, muito estudiosa, mas muito intransigente também, e o que deixa pouco espaço para negociação com a *halakhá*.

Por exemplo, e sem entrar no raciocínio talmúdico, os rabinos de Jerusalém haviam proibido consumir na mesma refeição leite e aves, extrapolando o versículo da Torá "você não deve cozinhar o cabrito no leite de sua mãe" (Ex 23,19). Rabi Yossi, *o Galileu*, um século depois de Jesus, permitiu essa mistura, porque a ave não dá leite (*Hulin* 5, 8).

---

[35] Originalmente, a expressão não carrega nenhuma desvalorização, pelo contrário, significa um povo livre em relação a um povo escravizado (Gn 23,7). Podemos comparar com a palavra *goy*, que designa um povo, Israel, mas que na Idade Média se tornou pejorativo em reação ao antijudaísmo

[36] Na Mishná *Baba Kama* 10,9, considera o pastor com a presunção de ladrão, em vez de oferecer-lhe uma presunção de inocência. Tal julgamento global não procede, infelizmente, apenas de uma ignorância do outro. A escolha talmúdica nem sempre é feliz.

[37] Isto é o que vê João Batista (Mt 3), embora tivéssemos preferido um acolhimento mais cortês. Pessoalmente, acreditamos que isto não é um registro ao *vivo*, mas uma reconstrução de um debate escolar posterior aos eventos relatados

1.4.1 Fortalecer a fé por meio da prática

A cidade grande – daquela época e até hoje – ainda pode causar igualmente o enfraquecimento da prática religiosa como seu fortalecimento, por medo de assimilação. Assim, nas metrópoles israelenses, vemos um desenvolvimento da prática, ao mesmo que crescem as casas de estudo (*yeshivot*) que superam, principalmente, o ritual.

Na França, nos anos 70-80, a ortopraxia apresentou uma curva ascendente. Por quê? Porque a nova geração, proveniente do mundo sefardita (Norte da África) não poderia contentar-se com o Judaísmo misto dos pais. Aqueles meninos e meninas estavam procurando raízes sólidas, uma família mais estruturada. Eles encontraram guias espirituais para conduzi-los; especialmente os muito ativos Lubavitch,[38] missionários judeus para os judeus, como os missionários cristãos para o mundo.

O próprio Consistório, que tinha herdado o espírito Israelita da Revolução Francesa, e fundado por Napoleão,[39] gradualmente escorregou em direção a uma ortopraxia de estrita observância. Assim, para se converterem, os candidatos devem mostrar, muitas vezes ao longo de vários anos, uma adesão perfeita ao ritual (*kasherut*, *Shabbat*, código de vestimenta etc).

1.4.2 Desvio pela sociologia judaica contemporânea

Voltando no tempo, à geração de avós do norte da África, descobrimos este "Judaísmo do campo". A vida judaica se expressava ao ritmo de festas, eventos familiares, mas também em negociação com a vida econômica. Em Tunis (cidade dos meus pais), havia um ofício na manhã de Shabbat que terminava cedo, de modo que os fiéis podiam ir trabalhar na administração francesa. Os rabinos nunca condenaram este ofício, fechando a sinagoga. Podíamos ouvir ecoando a palavra de Jesus

---

[38] O mesmo fenômeno no Islã contemporâneo.
[39] O nome completo é "Consistório *israelita* da França", e não *judeu*. Na verdade, todas as associações antes da Shoah e da criação de Israel, levam o adjetivo *israelita* (Aliança *israelita*, Eclaireuses, Eclaireurs *israélites* de France, etc); os nascidos depois trazem o adjetivo *judeu* (Fonds social Fonds social *juif* unifié de France, Conseil représentatif des associations *juives* de France, etc). Recentemente, nossa sinagoga passou de "Union Libérale Israélite de France" para "Judaïsme en mouvement".

(Mt 12,11): "Quem de vós, se tiver apenas uma ovelha e ela cair numa cova no Shabbat, não vai apanhá-la e tirá-la dali?".

Jesus apresenta aqui seu *Judaísmo campesino*, primeiro pelo exemplo que ele dá - e não tem certeza de que os rabinos de Jerusalém eram todos reconhecidos - e em seguida por sua negociação com a *halakhá*. Voltaremos a isso.

Vamos permanecer na sociologia judaica, enquanto permanecemos com Jesus. Por que o Judaísmo liberal foi tomado do mundo *ashkenase* (europeu) e não do mundo *sefardita* (oriental)? Porque o Judaísmo *ashkenase* viu na *Emancipação* (1789), o risco de assimilação total. O Judaísmo liberal queria negociar a prática religiosa a respeito da modernidade (a partir de Moisés Mendelssohn, 1729-1786). Em compensação, no universo mental sefardita, a necessidade de liberalismo não se justificava por causa dessa flexibilidade adaptativa "natural". Isso não significa que este Judaísmo não tenha produzido grandes mestres e que o fervor religioso lhe fora ausente; mas a religião fluía como um rio que, encontrando uma rocha, momentaneamente se desvia, para retomar seu curso um pouco mais longe.

1.4.3 Os últimos desejos de Issacar

A mudança do Judaísmo do campo para o Judaísmo citadino (Jerusalém) começou com a vitória hasmoneana: "Ele (Simão, irmão de Judas) reuniu o Judeus que estavam na Galileia e no (monte) Arbel, com suas esposas, seus filhos e tudo o que lhes pertencia, e ele os levou para a Judeia com uma grande alegria" (1Mc 5,23).

Jerusalém tornou-se novamente, em 164 AEC, a capital política e religiosa, em uma independência estadual (perdida desde 586 AEC), com um desenvolvimento urbano significativo, de acordo com escavações arqueológicas recentes.

Um livro datado do segundo século AEC, revela, *ao contrário*, a nostalgia da vida camponesa: *a vontade de Issacar* (em hebraico). O autor anônimo se faz passar por Issacar, um dos filhos de Jacó, assim abençoado pelo patriarca (Gn 49,14-15): "Issacar é um burro musculoso que se deita entre as colinas. Ele já provou o encanto do descanso e as delícias do pasto". O pergaminho elogia a vida pastoral após relembrar a ética bíblica:

> E é por isso, ó filho, observa a Torá de Deus, cultiva a integridade e anda ereto; e não sejas tolo com relação aos mandamentos do Senhor e em tuas relações com teu próximo. Ama o Senhor e teu próximo,[40] e tem misericórdia dos pobres e do doente. Sê escrupuloso em cultivar a terra e invista de tua fazenda em todos os trabalhos de campo, em seguida, traze tuas ofertas ao Senhor. Pois pelas primícias do fruto da terra, Ele irá te abençoar, como Ele abençoou todos santos desde Abel até hoje.[41] Porque tu não receberás a não ser os óleos da terra que tu irás produzir através do trabalho. Porque até meu pai Jacó me abençoou com as bênçãos da terra e os primeiros frutos da colheita. (5,1-6)

Issacar, aqui modelo do camponês, é retratado como um homem modesto, vivendo de seu trabalho com honestidade, comendo e se vestindo com modéstia.

Os mestres fariseus em Jerusalém haviam conseguido esquecer a realidade da existência simples *deste povo da terra*, sempre propondo, certamente de boa-fé os imperativos do *halakhá,* que eles elaboraram para o conjunto do povo judeu.[42]

Entretanto, há sempre o risco de uma dicotomia entre a elaboração de uma Lei (religiosa e política) e as realidades sociológicas (pensemos nos *Coletes amarelos*). Os rabinos analisam o mundo através da metodologia talmúdica, enquanto a maioria judaica vive em um mundo em mudança (na França, 10% são filiados a uma sinagoga). Dicotomia, portanto, entre o teórico e o praticante, entre o matemático e o físico; entre o Judaísmo de observância estrita e o Judaísmo progressivo.

Vamos ilustrar o assunto. Quando um fiel pergunta se ele pode dirigir seu carro até a sinagoga no Shabbat - porque ele vive longe ou é muito velho para vir a pé - a resposta ortodoxa será sempre: "Fique em casa e não tome transporte *halakhicamente* proibido".

---

[40] O autor usa o imperativo "ama" e não "amarás" a Torá. Aqui estamos perto da formulação de Jesus em relação aos seus discípulos: Amor a Deus e amor ao próximo.
[41] Gn 4,4. Comparar Mt 23,35; Lc 11,51: "todo o sangue inocente derramado sobre a terra, *desde o sangue do justo Abel o justo* até ao sangue de Zacarias, o filho de Baraquías ....".
[42] Às vezes os fiéis encontram dificuldades relacionais com seu rabino ortodoxo, que não entende (ou recusa-se a compreender) a sociologia judaica contemporânea.

A resposta liberal ou progressista (a qual nós aderimos, após um período de ortodoxia rigorosa) se situa em um nível diferente: "Venha como você é - para citar um anúncio – porque o princípio da oração comunitária sobre o Shabbat transcende a proibição sabática". Poder-se-ia argumentar que é uma questão de salvar uma vida espiritual em vez de privá-la desta experiência. Em outras palavras: tirar a ovelha caída no poço! (Guardemos as leituras simbólicas e midrashicas dos Evangelhos).

Nas listas de mestres que viveram durante a era helenística, encontramos Yossi ben Yoêzer de Tserada, na Samaria, e Nitai no Monte Arbel na Galiléia (*Abot* 1, 4 e 6). Todos os mestres tinham escolhido Jerusalém como seu local de instrução. O campo era suficiente para eles de acordo com sua profissão. Não esqueçamos que, naquela época não havia uma profissionalização do rabinato, e o termo Rabino nem sequer existia na época de Jesus.[43]

Uma hipótese que justificaria a existência de grupos essênios dissidentes seria encontrada nesta nostalgia de um culto não citadino, a aspiração a uma vida mais simples, sendo ao mesmo tempo exigente ritualmente.

Outros decidiram ir morar em Jerusalém ou em seus subúrbios, ou nas grandes cidades da época. Para muitos jovens, a busca por um mestre foi sentida em um ambiente amigável. É assim que se pode entender o conselho do rabino Yeoshua ben Perahia podem ser entendidos (2º século AEC): "Faze tu um mestre, adquire um amigo; e julgue cada homem com benevolência" (*Abot* 1, 6).

Enquanto a Torá continua sendo o bem comum, cada grupo religioso se diferenciava de outro pela sua "ideologia", entendida como um sistema de pensamento; não como uma doutrina autoritária, mesmo que qualquer religião possa cair nesse extremo.

1.5 João o Batista e Jesus: seitas na época grega e romana

As seitas judaicas conheceram dois períodos de desenvolvimento: primeiro no tempo dos Hasmoneanos e depois da conquista romana (a partir de 63 AEC).

---

[43] O título é dado posteriormente pelos redatores. Todos no máximo deveria ser chamado de *moré* "guia" ou o equivalente aramaico *mar* ou *marana* "nosso guia" que se encontra em *marana ta* "nosso mestre (re)vem" (1Cor 16,22).

As seitas do segundo período diferem daquelas do primeiro período, antes de tudo em geografia. Na verdade, no período hasmoneano, os grupos eram compostos principalmente de habitantes de Jerusalém e viviam nas imediações da capital, enquanto no período romano, esses grupos estavam espalhados por toda a Judeia.

De acordo com os Evangelhos, havia fariseus que viviam na Galileia na época de Jesus, o que não era o caso um século antes. Flávio Josefo também nos fala de um zelota Judas Gamala que liderava seu grupo no Golan.[44]

Outra diferença social: no período helenístico, os grupos se compunham de estudiosos versados no estudo e na exegese, enquanto os grupos do período romano eram formados por pessoas de condição mais modesta. Os Evangelhos nos oferecem esta visão histórica (a propósito, eles nos falam muito sobre a vida judaica dessa época). Em Mc 6,1-3 e Lc 4,16-23, os fiéis se surpreendem ao ouvir um erudito (Jesus) proveniente de sua condição.

Acrescentemos que João e Jesus revalorizarão o status da mulher. Era esta uma atitude generalizada ou típica dos grupos batistas? Os historiadores explicam esta mudança pela chegada de Pompeu. Na época dos Hasmoneanos, Jerusalém mais uma vez se tornou a cidade de luz, reunindo seus filhos; enquanto a presença dos romanos na capital rechaçou a população do país todo. Ao analisar o estilo de vida de João Batista, e de Jesus no seu seguimento, temos um modelo de vida em que homens e mulheres gravitam em torno de um mestre, de um professor.

1.5.1 João Batista

Conhecemos João (*Yohanan*) através de duas fontes: os Evangelhos e uma passagem de Flávio Josefo (Ant. Livro 18). Ele começou sua atividade no início do I século EC, e foi executado por volta de 28, 29 por Herodes Antipas. De acordo com as fontes, João liderou uma comunidade messiânica ou apocalíptica (havia muitas naquela época) que ele a preparava para a libertação final; daí sua escolha do deserto próximo

---

[44] Fundador de um movimento que Flávio Josefo chama de a *quarta filosofia* os sicários, que ele culpa como responsável pela destruição do Templo. Seus dois filhos serão crucificados.

ao Jordão. Seu ensinamento baseava sobre um tríptico: a proximidade da libertação (*geulá*), o arrependimento (*teshuvá*) e batismo (*tevila*).[45] Após ter integrado estes grandes princípios, o discípulo poderia aguardar com expectativa as bênçãos de um mundo vindouro. O carisma e a benevolência de João atraíram o povo da terra (*âm haarets*), especialmente prostitutas e cobradores de impostos, que eram conhecidos por não praticar as *mitzvot*. O método de João era simples: quem quer que cumprisse a *teshuvá,* a volta a Deus, ou seja, decidia viver as virtudes (*midot*) de acordo com Lc 3,10-14,[46] recebia imediatamente o batismo nas águas do Jordão.

Podemos dizer que João Batista estava reanimando a religião Abraâmica: o monoteísmo (YHWH é um) com a ética que daí decorre. A religião universal. A leitura cristã, naturalmente, pensa sobre o batismo, porque o arrependimento refere-se à **conversão** ao Cristianismo (tenha cuidado com a evolução do significado das palavras). Mas João refere-se aqui à *teshuvá* mencionada nos profetas, de Moisés a Malaquias. Além disso, não se trata de conversão ao Judaísmo, uma vez que à questão dos legionários, ele responde: "Não cometa extorsão ou fraude contra nenhuma pessoa e contente-se com o seu salário".[47]

Além disso, Jesus ainda não começou a sua missão, o batismo cristão não faz aqui qualquer sentido, porque nos encontramos num ambiente judeu. No máximo podemos estender esta *tevilá* como uma prefiguração do batismo sacramental. Em qualquer caso, este batismo era válido para qualquer homem, judeu ou não judeu, dando aqui a sua verdadeira dimensão ao monoteísmo de Israel.

É interessante comparar a comunidade de João àquela dos Essênios que acolheram os seus discípulos após uma longa preparação antes da passagem ao *mikveh,* o banho ritual (*Guerra Judaica*, Livro 2). João, por outro lado, acolheu quase imediatamente, sem impor um longo trabalho

---

[45] Em um contexto paralelo, esta abordagem evoca aquela das festas de outono do mês de *Tishri*: 1º de tishri / Rosh Hashaná / Ano Novo / sopro do shofar da remissão dos pecados. 10 dias de *teshuvá* / conversão a Deus (a tradição enfatiza as virtudes relacionais). Vigilância de Kippur / imersão no banho ritual, antes do Dia de Deus e ressurreição para vida autêntica.

[46] Que lugar há para as *mitsvot* que não podem ser ignoradas neste contexto? O Evangelho não as menciona: ou é uma omissão deliberada, ou João, como Jesus, será mais laxista. Vamos manter a questão em aberto.

[47] Comparar a atitude dos Ninevitas em *Jonas*.

no corpo e na mente, a fim de possuir total autodomínio.[48] Pode-se explicar essa pressa pela certeza da iminência do fim dos tempos. Um tempo preparatório, à maneira dos essênios, já não se justificava, portanto.

Acrescentemos que as comunidades essênicas permaneciam elitistas, enquanto João se dirigia aos estratos sociais mais baixos. Isto forçou-o certamente a baixar o nível de exigência, como é proposto pelos movimentos progressistas hoje, como mencionamos antes.

Aos olhos de Flavio Josefo, que pertencia à aristocracia sacerdotal, João permanecia um judeu justo e íntegro, sem mancha religiosa. Lucas 7,33 fala-nos do seu rigor em matéria de comida. Por outro lado, Mateus testemunha que ele só comia mel selvagem e gafanhotos (chamados *arbé* em Lv 11,22, e considerados puros para consumo), em outras palavras, alimentos naturais, não processados. Por este tipo de dieta rigorosa, João mostrava seu rigor e a sua força de caráter. Como resultado ele não podia partilhar a refeição dos discípulos, embora partilhasse o mesmo espaço.[49] Ele encarnava o ideal de sua comunidade, a exemplo de um sacerdote sujeito a regras exigentes em comparação com o povo comum, sem a hipocrisia que ele censurará a certos fariseus e saduceus. É desta altura e desta exigência sobre si próprio, que ele descia aos mais humildes para convidá-los a voltar-se para Deus antes do último batismo, por imersão.

Comparado a outras seitas do seu tempo, podemos considerar João como "reformador", embora fosse rigoroso com sua prática e modo de vida. Esta atitude, ao mesmo tempo rigorosa e acolhedora será ressuscitada com o hassidismo do século XVIII EC, mas isso nos afastaria do nosso assunto. João estabelece então uma rede de pessoas prontas para uma libertação próxima, percebidas pelo poder político como *bombas-relógio*. Segundo Flávio Josefo, João Batista foi executado por razões políticas. Sua popularidade fez, sem dúvida alguma, sombra à de Herodes. Porque João poderia usar a sua influência sobre a multidão para provocar uma revolta contra o poder governante:

> Herodes (Antipas) temia que tal poder persuasivo provocaria uma revolta, pois a multidão parecia pronta a seguir em tudo os conselhos deste

---

[48] Em relação aos sus suplícios pelos romanos, Flávio Josefo afirma que eles sorriam ao morrer.
[49] Quando sou convidado em uma comunidade religiosa cristã, declaro que observo a dieta bíblica (*kashrut*) para comer minha refeição em comum.

homem. Ele então preferiu apoderar dele antes que ocorresse qualquer distúrbio a seu respeito, do que ter de se arrepender mais tarde, se algum movimento viesse a ocorrer, e de ser exposto a perigos. Por causa das suspeitas de Herodes, João foi enviado para Maqueronte, a fortaleza que mencionamos acima, e foi aí executado. (*Ant.* Livro 18)

Em outras palavras, o poder real percebia estes movimentos apocalípticos como focos de revolta contra a autoridade e contra a *pax romana*; o que acontecerá, quando da morte de Herodes, o Grande, o pai de Herodes Antipas, com Judas, o Galileu (ver acima, 1.5: seitas na época grega e romana). Flávio Josefo não dirá outra coisa, nunca entrando em considerações apocalípticas religiosas. Quanto a João, é possível que ele realmente preparou sua comunidade para uma libertação próxima, não estabelecendo nem cenário nem orientações quando esta libertação chegaria o seu tempo.

1.5.2 Jesus

As tentativas de escrever a biografia de Jesus (*Yeoshua*) mostraram como este desafio é difícil à luz das poucas fontes à nossa disposição.[50] Mas é evidente a estreita ligação entre João Batista e o seu discípulo Jesus. A certa altura, Jesus junta-se a comunidade do mestre no deserto de Judá para receber o seu ensino e o seu batismo (Mc 1,1-11).

Os Evangelhos sublinham que João percebe Jesus espiritualmente maior do que ele próprio, e que todo sentido de sua missão na terra consiste em anunciar a vinda deste discípulo excepcional.

Todos nós conhecemos o fim de Jesus: a crucificação romana, juntamente com a crucificação de milhares de outros judeus. Exceto que aqui, de acordo com a fé cristã, trata-se do messias (ou mesmo Deus), daí as palavras de Paulo: "um escândalo para os judeus e loucura para os gentios (gregos)" (1Cor 1,23).

Mas o que acontece entre o tempo de João Batista e a *Paixão*? Na verdade, logo que João é preso, a carreira de Jesus começa. Ele sobe para a Galileia e começa a pregar. Numa época de intensa expectativa

---

[50] Referimo-nos ao impressionante trabalho de John Paul Meier, ou Daniel Marguerat.

messiânica, se o mestre desaparece, cabe ao discípulo continuar o ensinamento e manter a comunidade (Mc 1,14, e sinóticos), isto se exprime em todos os movimentos messiânicos da época.[51]

Mas Jesus não irá imitar João em todos os aspectos, apenas manteve o espírito de abertura. Assim o batismo, uma cerimônia tão central para *Yohanan,* torna-se secundária no ritual de Jesus. Esta *tevila* regressará durante a sua aparição aos 11 apóstolos quando ele ensinará "crença e imersão" (Mc 16,16). Mas o ritual mais significativo de Jesus continua a ser inquestionavelmente a sua última ceia (Mc 14,22-25, e sinóticos; 1Cor 11,23-26).

Outra grande diferença entre o discípulo e o mestre: o seu modo de ação. João usa de seu carisma, mas não faz milagres ou maravilhas, enquanto Jesus utiliza-os excessivamente, o que lhe dá uma autoridade junto as multidões (exceto os fariseus).[52] Desde o início da sua atividade pública, ele cura as doenças físicas e psicológicas, liberta demônios e ressuscita os mortos. Jesus apresenta-se como um homem de prodígios e seus prodígios destinam-se a apoiar seu discurso e sua concepção religiosa, tal como Moisés perante o faraó.

Durante as suas intervenções, Jesus pede a um dos seus apóstolos para ir e dizer a João, preso, para lhe contar os seus atos, e autenticando-o como messias (Mt 11,2-6; Lc 7,18.23). Era importante para Jesus fazer milagres que sublinhavam que ele possuía poder sobrenatural, revelando-se como "filho de Deus" e seu escolhido, ou mesmo como um ser angelical de passagem na terra.[53] Deste modo, ele não se considerava obrigado a cumprir todos os mandamentos da Torá. A sua santidade o desapega de todos os mandamentos que estavam ligados à ordem terrestre, tal como um anjo não sujeito à prática do *mitzvot*.

Esta observação introduz aqui uma nuance sobre o cumprimento de Jesus de toda a Torá até ao seu último *iota*.

Por exemplo, ele curou uma pessoa doente com *tsaraat* (traduzido como lepra) ao *tocar* na pessoa (Mc 1,40-44 e sinóticos). E embora ele peça-lhe que se dirija ao *cohen* para realizar os sacrifícios apropriados

---
[51] Ainda hoje com os movimentos hassídicos (Loubavitch, Braslaw).
[52] Ver *Les pharisiens et les miracles*.
[53] A tese de Marcião, que rejeitou a concepção virginal.

após a cura, ele próprio não se considera impuro, de acordo com a lei levítica.[54] Noutro lugar, ele visita um leproso, sem considerar o risco de impureza (Mc 14,3 e sinóticos). Ele não faz comentários quando uma mulher com fluxo de sangue toca a sua franja ritual (*tsitsit*), mais uma vez contrária à lei da Torá (Mc 5,28-30, Mt 9,20-22). Do mesmo modo, não se sente obrigado a pagar meio-shekel anual de prata (de acordo com Ex 30,13), que cada contribuinte adulto oferecia para a administração do Templo. Finalmente ele paga para evitar um conflito, mas por um estratagema miraculoso (Mt 17,24-27)

Para nós, Jesus não nega a Torá como modo de vida, palavra revelada pelo Pai a Moisés, mas ele dá a si mesmo toda a liberdade oferecida pela tradição oral, ao considerar forte o suficiente para influenciar seu meio social, sem ser influenciado. Então ele come com cobradores de impostos e pecadores (Mc 2,15-17 e sinóticos), o que rompe radicalmente com a conduta de João Batista. Em outro lugar (Lc 7,36-50) Jesus acolhe uma pecadora infeliz (prostituta?) que molha os pés do mestre com suas lágrimas e as enxuga com o cabelo, e o espanto do anfitrião fariseu (e do leitor). Dentro de outra casa de um fariseu, ele não faz abluções antes da refeição, de acordo com o costume (Lc 11,37-41).

Esses comportamentos podem surpreender até mesmo chocar o mais radical, mas outros rabinos também usaram esta liberdade de interpretação ou ação. Citemos o Rabino Meir (II século EC) que declarou *puro* o que todos os outros rabinos declaravam *impuro*, e *impuro* o que todos os mestres declaravam puro, pela sagacidade de sua mente, e o Talmud acrescenta: "e ele mostrava a face de sua opinião"; compreendemos que se tratava sempre em respeito à dignidade de seu interlocutor (TB *Eruvin* 13 b). Da mesma forma, conta-se que Rav Aha (IV século EC) levou a noiva em seus ombros e a fez dançar. Para o espanto de seus colegas, ele respondeu: "Podemos levar a noiva como uma trave", ou seja, sem pensamentos ruins (TB *Ketubot* 17 a).

Para Jesus, a Torá (a Lei) e seu corpo de *mitzvot* devem se adaptar ao público judaico preocupado com a revelação de Deus. Este público divide-se em dois (de acordo com Lc 15,7): os justos que não precisam

---

[54] Em Lc 17,11, ele cura pela palavra um grupo de "leprosos" sem os tocar.

de arrependimento (*teshuvá*) – os piedosos, religiosos, guardiães da ortopraxia; e os *pecadores* que provocam regozijos no céu pelo de seu arrependimento sincero. Em outras palavras, a Torá deve ser aplicada de acordo com a fé de cada um.

Jesus aconselharia a um rabino do século XXI: "Não adianta dar um sermão sobre a *Kashrut*, se teus fiéis mal respeitam *Yom Kippur*. Comece despertando seus corações para Deus, e então eles se tornarão sensíveis às *mitzvot* que eles cumprirão em seu próprio ritmo".

Em outras palavras, a Torá e sua prática devem trazer cada homem de volta para Deus, e especialmente "as ovelhas perdidas de Israel" (Mt 15,24), antes de generalizar para a humanidade.

Se João Batista, é apresentado, de acordo com Josefo, como um judeu, justo e respeitando precisamente a Lei em seus detalhes (o mesmo poderia ser dito de "Tiago, irmão do Senhor"), Jesus se distingue disso. Mateus (Mt 11,13 e Lc 16,16) justifica isso pelo fato de que o Batista foi o último profeta de Israel.

Sem dúvida, a opressão da dominação Romana era tal que Jesus preconizou avanços na Tradição, estabelecendo que o caminho que levava a Deus não passava mais pelo proibido, mas pela permitido.[55] Esta violação da estrutura estabelecida gerou profundos ressentimentos contra ele por parte das autoridades religiosas e o medo de uma expansão de seu movimento.

Lembremo-nos do medo sentido por Herodes Antipas contra João, a quem ele o executa. O mesmo fenômeno que aconteceu com os líderes religiosos da Galileia ampliou-se com os de Jerusalém, durante os últimos meses de Jesus na capital. Jerusalém e o Templo eram o coração da espiritualidade da vida judaica da Judéia (as diásporas do Egito, Babilônia ou Roma viveram sua própria autonomia). O que acontecia aí era mais importante do que o que ocorria na Galileia. A vida na capital dependia da autoridade romana e as tropas foram reforçadas durante as grandes festas de peregrinação (especialmente *Pesah*, Páscoa) devido ao aumento da população. Os romanos temiam sempre os motins.

Na Galileia, Jesus realizou o ato altamente simbólico de nomear 12 apóstolos evocando os 12 filhos de Jacó (uma comunidade de Is-

---

[55] Isto foi encontrado no espírito dos reformadores de Judaísmo a partir do século XVIII. No Talmud, há a expressão: "a boca que proíbe (liga) é também a boca que permite (afrouxa)".

rael entre o povo de Israel), a fim de se preparar para o fim dos tempos. Igual a Moisés, conduzindo as 12 tribos para a liberdade, Jesus prepara a libertação final. Chegando em Jerusalém, semelhante ao seu mestre *Yohanan,* Jesus fala sobre esta libertação iminente (Mc 6,7-13), tema importante de seu ensinamento. Ao mesmo tempo, ele anuncia a destruição próxima do Templo (Mc 13,2 e sinóticos).[56] Este tema pertencia à tradição messiânica, ou seja, que o pequeno templo dos sobreviventes de Babilônia seria substituído por um Templo de esplendor (Ag 2,9; Tb 14,5). Certamente, Herodes tinha construído um santuário magnífico, mas devido a seus muitos crimes, esta construção poderia ser imputada a ele em desvantagem, como David, que não pôde construir a casa de Deus por causa do sangue derramado durante suas guerras. Para Jesus, precisava-se de um templo autenticado pelo próprio Deus.[57]

Mas isso não era suficiente, precisava-se de outros atos simbólicos tanto para se justificar como para deslegitimar a adoração do Templo atual.

Assim Jesus entrou em Jerusalém montado em um jumento[58] de acordo com Zacarias (9,9) e quebrou violentamente as mesas dos cambistas do Templo (Mc 11, 15-19 e sin.),[59] porque os sacerdotes cobravam a localização dos vendedores. Comercializar com a prática religiosa era insuportável para Jesus. Este ato de violência foi visto pela autoridade do Templo como um questionamento à segurança das instalações. Pensava-se que eliminando o líder, o pequeno grupo desapareceria como ocorreu com João Batista. Isso ocasionou um julgamento[60] perante os sacerdotes que transmitiram o caso a Pôncio Pilatos, que condenou o acusado à terrível sentença romana da Cruz. Não nos esqueçamos de

---

[56] O assunto voltará durante seu julgamento (Mc 14,58; Mt 26,61); e também no momento de sua crucificação (Mc 15,29; Mt 27,40).
[57] A tradição diz que o Terceiro Templo descerá do céu.
[58] Mesmo seja provável que fosse uma cavalgadura amplamente utilizado para o transporte de pessoas.
[59] Eles foram responsáveis pela venda dos animais de sacrifício (pássaros ou ovelhas) que os peregrinos não podiam sempre trazer com eles. Nisso eles estavam apenas praticando a prática ancestral.
[60] Este julgamento, escrito para os Evangelhos a partir de sua perspectiva, deve ser revisto, pois é difícil admitir que na véspera da Páscoa, às escondidas, uma matança foi pronunciada. Referimo-nos ao estudo de Jean Imbert *Le Procès de Jésus. Que sais-je?* PUF. E também Jacques Izorni *Le vrai procès de Jésus*. Flammarion.

que para os romanos, todos os movimentos messiânicos significavam recusa de sua autoridade e sobre isso eles tinham razão.[61]

Isso não mudou o futuro do movimento. Pelo contrário, tanto o movimento Batista[62] como o de Jesus se fortaleceram ao redor de imagens aureoladas de seu mestre, dois "justos sofredores" que precisavam permanecer mais vivos além de sua execução.

De acordo com o Evangelho, no terceiro dia de sua sepultura, as mulheres descobriram a tumba vazia (Mc 16 e sin.). Isso significava que Jesus havia saído de seu sepulcro. Essa crença em sua ressurreição fundou a nova religião saída do Judaísmo: o Cristianismo, a religião de Cristo (Messias). O movimento se desenvolveu de maneira importante no mundo judaico e não judaico (de acordo com uma estimativa, um crescimento de 40% em 10 anos), apesar da libertação anunciada que não se concretizou e o atraso da vinda do Redentor glorioso.

Hoje, 2,3 bilhões[63] de seres humanos no planeta vivem pela sua fé em Jesus.

Muito cedo surgiu a questão: se o messias de Israel foi ressuscitado pelo Pai, o *que* dizer da prática dos mandamentos?

Como consequência, surgiu a questão de condições de entrada para novos seguidores, o que sempre significou situar-se em relação às *mitzvot* (que Jesus nunca aboliu). Em outras palavras, as renúncias de Jesus valiam para a segunda geração? Em verdade, de acordo com o Evangelho (Mc 6,7 e sin.), os primeiros apóstolos possuíam o Espírito Santo a ponto de realizar milagres como o mestre, que estabeleceu uma relação com o Céu que poderia isentá-los da prática da Torá. Mas parece que essa postura só era válida, apenas, para os 12 apóstolos, que podiam comer livremente, durante o tempo de sua missão (Lc 10,8).[64] Exceto os apóstolos diretos, o resto da comunidade não deveria submeter-se às regras da Torá, incluindo a ingestão de alimentos lícitos? Além

---

[61] Flávio Josefo menciona que Pôncio Pilatos massacrou com uma grande violência aos Samaritanos no monte Gerizim e aos Batistas. Seria sua violência repetida (aborrecimentos, desfalque, execuções etc) que o fizera ser chamado de volta a Roma.
[62] At 19.
[63] Cifras de 2015, à frente do Islã e do Hinduísmo.
[64] A exemplo dos hebreus que por ocasião da conquista de Canaã, podia comer e beber sem restrição (TB *Hulin* 17 a). 71

disso, Tiago, *irmão do Senhor*, sem dúvida a personagem mais importante depois de Jesus, todos pregando o ensinamento do mestre, permaneceu um judeu escrupuloso. No final, após o concílio de Jerusalém (At 15), a atual corrente *abolicionista* triunfou.

De acordo com esta corrente, não havia mais "nenhuma diferença entre judeus e gregos, entre escravos e senhores, entre homens e mulheres, pois todos são um só em Jesus Cristo" (Gal 3,28). Consequentemente, nenhuma restrição em questões religiosas, exceto a fé e as proibições maiores de idolatria, assassinato, fornicação (1Cor 10).

O movimento cristão é uma exceção na história das seitas judaicas do Segundo Templo. Este movimento de inspiração judaica queria viver sua fé diferente da prática das *mitsvot*, considerando que a santificação da vida passava pela fidelidade à palavra de Cristo, bem entendido com os requisitos inerentes a esta fé, porque "se tudo é permitido, nem tudo é proveitoso" (1Cor 10,23).

É possível que todos esses judeus "pecadores" ou curados por Jesus encontraram um caminho espiritual, menos restritivo do que o dos fariseus.

Mas a lei farisaica foi sempre vinculativa e restritiva? Os fariseus dos Evangelhos representam *todos* os fariseus? E os fariseus representam todo o mundo religioso daquela época e depois?

Deixemos a abordagem puramente histórica e penetremos no Evangelho onde Jesus e os fariseus se enfrentam com mais frequência.

CAPÍTULO II
Fariseu, quem és tu?
O Fariseu maltratado

2.1 O fariseu nos Evangelhos

A palavra "fariseu" praticamente desapareceu do nosso vocabulário francófono; alguns historiadores do Judaísmo antigo e do começo do Cristianismo a utilizam. O público da Sinagoga, praticamente, a esqueceu, apenas os eruditos ainda a utilizam.

Por outro lado, um público ouve-o regularmente; aqueles que leem os Evangelhos e/ou ouvem as homilias de um padre ou de um pastor, durante uma missa, no rádio, ou em certos *sites* cristãos na Internet. A sua presença parece inevitável, mesmo necessária, a fim de estabelecer mais o ensinamento de Cristo.

Os Evangelhos falam muito sobre os fariseus. Mesmo antes do ministério de Jesus, estes últimos são fortemente censurados por João Batista no primeiro evangelho (Mt 3,7ss). Jesus os menciona na introdução de seu Sermão da Montanha (Mt 5,20).

Este termo não existe de forma alguma na Bíblia hebraica (*Tanakh*), e aparece na época do Segundo Templo. Historicamente, a primeira ocorrência da palavra *fariseu* se encontra na epístola aos Filipenses 3,5, redigida por volta do ano 57 EC.[1] Em Marcos, geralmente considerado como o primeiro Evangelho, fonte de Mateus e Lucas, e redigido em 70 EC, o termo é 12 vezes mencionado, às vezes associado aos saduceus.

---

[1] Os Evangelhos foram escritos antes da Mishná, o primeiro escrito da tradição oral. Esta redação teve lugar sob a presidência do rabino Yehuda Hanassi (Judas, o Príncipe) entre 200 e 220 EC, ou seja, na altura dos primeiros Padres da Igreja.

Mais frequentemente, os redatores os apresentam em oposição a Jesus e ao seu ensinamento; neste caso, um grupo anônimo, designado por "*os* fariseus" (Mt 9,11; 12,2; Mc 2,24; Lc 7,30, etc), às vezes por "certos fariseus" (Mt 12,38). Pode-se tratar de uma única pessoa, um anfitrião que convida o Rabino galileu e seus discípulos à sua mesa, não sabemos mais sobre sua identidade. Existem algumas exceções a esta regra, a mais famosa é Nicodemos (Jo 3,1). Às vezes, estes fariseus estão associados aos escribas, o que dá dois subgrupos distintos, mas com o mesmo espírito crítico.

Mas a passagem de "os" para "alguns/certos" praticamente não atenuou as acusações contra eles, e através deles o rabinismo, isto é, a doutrina interpretativa da Torá durante o período do Templo e após a sua destruição.

As razões da acusação? O fato de não ter reconhecido a messianidade de Jesus durante a sua vida? Os companheiros de Emaús também não o reconheceram até o seu último encontro. O fato de ter participado na condenação de morte do filho de Maria? Se lermos atentamente os Evangelhos, a casta sacerdotal e o seu líder Caifás, ou os saduceus, foram responsáveis pela deliberação. Quanto à crucificação, esta nunca foi praticada em Israel, e apenas os romanos a utilizaram excessivamente para repelir qualquer violação da sua *pax romana*.[2]

De fato, uma forma se desenvolve em primeiro lugar, a da hipocrisia, a expressão de um serviço culto externo, interessado e limitado, sem alma ou sentimentos de compaixão. Os piores apelidos lhes serão atribuídos, de "ninhada de víboras" a "sepulcros caiados" (Mt 23,13-36), palavras que magoam ainda mais porque provêm daquele que também proclama "amai os vossos inimigos" e que encarna a mansidão do cordeiro e do amor da humanidade.

"Fariseu: Aquele que tem apenas a ostentação de piedade ou qualquer outra virtude" propunha o Dicionário Littré em 1880. O *Petit Larousse* vai utilizar a definição.

Mais perto de nós na *Synopse des évangiles*[3] de Lucien Deiss (ed. DBB), lemos no *Vocabulário dos Evangelhos* (p. 404):

---
[2] Ver nota 61.
[3] Nova edição de 1963, republicada em 2007.

Os fariseus formavam a principal seita religiosa do judaísmo. Eles se dedicavam principalmente ao estudo da Lei [Torah] e das tradições. Eles foram, em muitos aspectos, os autênticos herdeiros da Revelação do AT [Antigo Testamento]. Mas o seu apego exagerado às tradições humanas (especialmente aquelas concernentes ao Shabbat, a pureza ritual e o pagamento de dízimo) seu isolamento orgulhoso e seu desprezo pelo povo ignorante e 'impuro', o seu formalismo e legalismo estreito os opunha diretamente ao espírito do Evangelho.

Os fariseus tinham pelo menos o mérito de serem medidos à luz dos ensinamentos de Jesus (e não os idólatras greco-romanos, ou mesmo os saduceus). Eles deviam, portanto, possuir, pelo menos, alguma autoridade sobre a Torá e a sua interpretação para receber tantas diatribes de Jesus, como relatado pelos redatores dos Evangelhos.

Os Padres da Igreja não foram mais ternos - mas será que poderiam? – ao fazer sua exegese. Sob sua pena, o fariseu tornou-se uma sombra do judeu errante, amaldiçoado, como Caim, o assassino original (cf. Lc 11, 50-52). Exceto Marcião, cujo radicalismo foi rejeitado pelo Sínodo de Roma (144), muitos dos Padres expressaram seu antijudaísmo,[4] através do seu anti-farisaismo, nomeadamente Eusébio de Cesareia, Gregório de Nissa, João Crisóstomo que compôs oito discursos virulentos contra os judeus. Eis o que se pode dizer do lado obscuro da força!

2.2 Origens da palavra "Fariseu"

A origem da palavra "fariseu" é ainda uma questão de debate entre especialistas. Historicamente, esse nome foi escolhido pelos próprios fariseus ou foi-lhes dado de fora? É difícil de responder. Vamos citar, pelo menos, os principais significados.

Em primeiro lugar, diz-se em hebraico que o fariseu *parush* (plural *perushim*) vem da raiz P.R.SH "separar". Esta raiz é encontrada na palavra *parashá* que designa a separação, a parte da Torá lida no *Shabbat* e nas festas durante os dias festivos com ofício público.[5]

---
[4] Não confundir com antissemitismo, que expressa ódio aos judeus, o antijudaísmo visa a doutrina religiosa de Israel. Infelizmente, a divisão nunca é evidente no espírito das pessoas.
[5] Uma ligação com pregador em seu sermão confuso e interminável?

Que tipo de separação?

1ª possibilidade: Os piedosos que se tinham juntado aos Hasmoneanos a lutar contra os sírio-gregos e o helenismo, mas que acabaram por se separar dos descendentes desta família quando os últimos dela fundaram uma monarquia de sacerdotes, enquanto a Torah exige a separação de poderes. O fariseu significaria secessionista, dissidente.

2ª possibilidade: Aqueles que praticavam os ritos de pureza e que se separavam daqueles que não as executavam. Na verdade, eles agiam em conformidade com as regras da Torá (especialmente o Levítico) que estabelece as leis do puro e do impuro. Se a fonte permanece a Torá, o Talmud revela um desenvolvimento ritual muito extenso e que obrigava a se evitar certos contatos com alguém desinformado. Isto não significa necessariamente, que se desprezava os desrespeitosos.

3ª possibilidade: Consideraremos um terceiro significado, o de "comentadores", que extraem, que separam ensinamentos do texto bíblico. Certamente, a palavra em hebraico deve ser *mefarshim,* um termo pelo qual, na Idade Média, designar-se-á os exegetas como Rashi. No entanto, permanece inquestionável que os fariseus se distinguiram pela centralidade do estudo e interpretação da Torá, de acordo com Lev 24,12: "para tornar explícita (*lifrosh*) a palavra do Eterno".

Em nossa opinião, trata-se do significado mais original, se não for o sentido original.

Vimos na parte histórica que a interpretação da Torá dependia do grupo considerado na época do Segundo Templo. Os fariseus tinham desenvolvido a sua metodologia, ela chama-se: *Midrash*.

Vamos agora apresentar esta metodologia exegética e os seus pressupostos de fé subjacentes.

2.3 O Método do Midrash

A prática das *mitzvot,* que continua a ser a "marca registrada" do Judaísmo, qualquer que seja o movimento religioso[6] não desenvolve apenas uma

---

[6] O judeu secular ou ateu, tendo-se afastado desta prática, define-se pela história, cultura ou sociologia. Albert Memmi: "Je suis un juif sociologique".

leitura da Torá, mas também a sua releitura. Esta metodologia de *releitura* ou interpretação chamada na língua rabínica "*Midrash*", "investigação".

Reler a Torá

Quando se trata de ritual, falamos de *midrash halakhá*, uma "abordagem" normativa (fazer - não fazer, puro - impuro, permitido, proibido); quando se trata de fé, do fervor do crente, falamos então *midrash aggadá* (por exemplo, Jesus propõe principalmente *midrash aggadá*). Em termos concretos, o texto é lido, meditado, questionado, interrogado, até que surja uma interpretação, um rito, um pensamento, que parece ser novo, embora, permanecendo ligado à sua fonte original. Esta novidade chama-se "*hiddush* – renovação".

Mostramos no livro *Discípulos de Jesus* em que o *Sermão da Montanha* constituía uma série de "*hidushim*", de inovações, na coerência da tradição de Israel.

Dois exemplos concretos. O fato de ser mencionado três vezes na Torá (Ex 23,19; 34,26 e Dt 14,21): "Não cozerás o cabrito no leite da sua mãe" é compreendido, pela tradição farisaica, como a tríplice proibição de cozinhar, consumir e de lucrar com uma mistura de leite/carne, independentemente do significado literal deste versículo.[7] Isto para um *midrash halákhico*.

O versículo (Gn 18,1): "Abraão sentou-se a entrada de sua tenda" implica que o patriarca tinha colocado quatro aberturas no seu abrigo para perceber e convidar os viajantes, de qualquer ponto cardeal. Isto para um *midrash aggadá*.

Este método interpretativo não tem origem, *sui generis*, com Esdras e a Grande Assembleia, mas com os Profetas que foram os primeiros exegetas da lei mosaica, mudando o cursor da Lei (especialmente sacrifical) em direção à ética monoteísta, no entanto, sem jamais aboli-La.

Por exemplo, Isaías 58 oferece um significado social e moral para o jejum de Kippur, enquanto a lei mosaica não dá nenhuma (Lev 23,26-32). No máximo, fala de um "decreto (divino)" perpétuo, '*hukat olam*.

---

[7] Reconhecemos que existe aqui uma grande liberdade interpretativa.

A partir de Hillel (30 AEC), este método é modelado através de sete procedimentos hermenêuticos que passarão para treze com o rabino Ishmael (início do segundo século EC).

Fé e estudo

A nível psicológico, o método do *midrash*, a interpretação, portanto, estrutura o ser hebreu, e depois o ser judeu.[8] Mesmo o Israel moderno, o mundo laico (*'hiloni*) não escapa a esta influência, até nas canções de variedades.

Este midrash em geral e o *midrash halákhico*, longe de ser neutro, exprime certa relação à Torá, o que induz uma certa relação com Deus. O estudo da Torá aproxima-se da oração e é diferente. Ela se aproxima pela sua dimensão dialogal, mas se afasta pela sua postura. Na atitude de oração, o fiel reconhece a onipotência divina, fonte de vida e de bênçãos. Na atitude de estudo, o estudante sente-se responsabilizado pelo Criador para aperfeiçoar o mundo que Deus lhe confiou.

Ao longo dos séculos, esta metodologia dará origem à tradição oral que será acrescentada às Escrituras, daí o nome *Torá oral*. Estas interpretações em nível da fé ou do ritual determinarão, até ao presente, as características do Judaísmo rabínico.

Para além do debate acadêmico, os fariseus, cada um, de acordo com a sua própria escola, permaneciam persuadidos de cumprir os mandamentos da melhor maneira possível, ou pelo menos para propor a melhor versão a cumprir.

2.4 Fariseus fora do Evangelho

Existem fontes externas aos Evangelhos que apresentariam os fariseus? Pensamos, em primeiro lugar, nos manuscritos do mar Morto, que datam de um século antes da era cristã.

Historiadores tais como David Flusser e Laurence Schifman, encontraram referências aos fariseus nestes manuscritos, embora a palavra

---

[8] Joseph D. Soloveitchik *L'homme de la halakhah*. OSM.

não seja mencionada.⁹ A expressão que parece referir-se a eles é *dorshey 'halakhot*.

A tradução soa pejorativamente, a saber, "buscadores de lisonjas" ou "de pequenas coisas".¹⁰ Aqui haveria um jogo de palavras entre *dorshey 'halakhot* (singular. 'halakhah) e *dorshey halakhot*, ou seja, "buscadores de rituais", a *halakhá*¹¹ (plural *halakhot*) que designa o conjunto de ritos religiosos deduzidos a partir de uma interpretação da Torá (Pentateuco).¹²

O Professor Nahum Bronznik propunha que se traduzisse como "buscadores de falso sentido, de vaidade", ou seja, aqueles que deduzem regras enganadoras para suas interpretações.¹³

Em análise, a tradição midrashica utiliza expressões próximas: *dorshey reshumot* "buscadores de inscrições (versículos)"; *dorshey 'hamurot* "pesquisadores de versículos herméticos"; e *dorshey mitsvot* "pesquisadores de mandamentos" (não suficientemente explícitos na Torá). Pode-se compreender que dentro do mundo rabínico, como no mundo médico, existiam especialistas neste ou naquele campo de investigação.¹⁴

Sublinhemos, no entanto, que a expressão *dorshey halakhot* se encontra, indiretamente, na literatura rabínica e possui, opostamente, um valor positivo. Citemos, por exemplo, este midrash sobre *Cântico Rabba*: Está escrito: "A fragrância de teus perfumes supera todos os aromas" (Ct 4,10). O Rabino Samuel, filho de Nahman, ensina: "tal como este óleo é *'halakh* (plano, neutro, sem perfume),¹⁵ quando tu colocas perfumes, ele oferece muitas fragrâncias, do mesmo modo um versículo pode parecer *'halakh* (plano, neutro), mas quando tu o comentas (*doresh*), ele oferece muitas fragrâncias".

---

⁹ Documento de Damasco, Pergaminho de Hinos, sobre Isaías e Naum.
¹⁰ De acordo com o Sl 12,3-4: "Falam falsamente um com o outro, falam com um *lábio de engano*, com um coração cheio de duplicidade. Que o Senhor remova os lábios do engano Que o Senhor remova *os lábios do engano*, que falam arrogantemente" (cf. Is 30,10, Dan 11,32-34).
¹¹ A palavra *halakhah* vem da raiz H.L.KH, "andar".
¹² Por exemplo, a partir do versículo repetido três vezes (Ex 23,19; 34,26 e Dt 14,21): "Não cozerás o cabrito no leite da sua mãe", a tradição rabínica generaliza esta proibição de cozinhar ou consumir um produto de lácteo-carne.
¹³ De acordo com Sl 35,6 ou Ez 12,24.
¹⁴ Como hoje, no mundo judeu, alguns estudam o Talmud, outros o Midrash, outros a Cabala, etc. O Talmud oferece esta fórmula consensual: "Rabino ensina: 'Um homem estudará o que desejar seu coração'" (TB *Avoda Zara* 19 a).
¹⁵ Uma expressão paralela foi encontrada nos manuscritos fenícios de Ugarit: "vinho plano", a ser entendido, portanto "sem sabor, sem perfume".

Assim, a expressão *dorshey 'halakhot* pode ter sido usada pela seita do mar Morto como uma réplica severa ao que era visto como jactância farisaica de perfumar os versículos bíblicos.[16]

De fato, dependendo do ponto de vista que se tem, a leitura será radicalmente diferente. Tenhamos em mente estas controvérsias de Jesus contra os fariseus, apresentadas pelos nossos evangelistas, e voltemos aos nossos manuscritos do mar Morto. Estes "pesquisadores", *também conhecidos* como nossos fariseus, aparecem aqui como uma comunidade piedosa, residindo principalmente em Jerusalém, em conflito com a comunidade de Qumran (dos Essênios?), desde a época do rei Alexandre Janeu (127 – 67 AEC).

As invectivas da comunidade de Qumran contra estes *fariseus* referem-se às traições políticas (aliança com os Romanos?), os seus comentários enganosos, mas acima de tudo a traição da Torá pelo "Mestre da Justiça", personagem misteriosa (imagem messiânica?), fundador do grupo, que seria o continuador do ensinamento de Moisés. Ao romper com este Mestre, os fariseus teriam preferido seguir o "Homem da Mentira" (imagem de um anti-messias).

A partir desta série de ataques brutais e partidaristas, continua a ser objetivamente difícil obter uma visão clara dos fariseus e dos seus ensinamentos.

2.5 Os Fariseus para o Historiador

Além dos escritos de Qumran e dos Evangelhos, não encontramos nenhuma descrição objetiva do fariseu, considerando que os fariseus falando de si próprios não dirão mais nada. Caberá ao historiador nos esclarecer neste capítulo. Quando teve origem esse termo e quem o designa originalmente?

A conquista grega

Hoje, a pesquisa científica está fazendo voltar ao início do movimento – que terá o nome de *fariseu* na época da ocupação romana –

---

[16] Este debate permite esclarecer o versículo de Sirach 36,13: "Assim o homem, na mão do seu criador, se apresenta sem forma (até que seja moldado por Ele)".

após a conquista do Judeia por Alexandre o Grande (356-323 AEC). Se este último se mostra benevolente em relação à população judaica que o acolhe com todas as honras,[17] a situação muda dramaticamente tudo sob o reinado do rei sírio-grego Antíoco IV (215–164 AEC).

O movimento de helenização teve seu efeito sobre a aristocracia da Judeia, especialmente em Jerusalém, o Templo está sob a tutela dos sumos sacerdotes Jason e Menelau,[18] próximos de Antíoco. Em 172 AEC, Jason foi substituído por Menelau que impõe aos jerosolimitas impostos pesados. Os primeiros problemas nascem depois, entre a população e a casta sacerdotal. Em 168 AEC, a fim de alimentar suas guerras, o rei fez saquear o Templo, enquanto o dedica à Divindade fenícia Baal-Shamem. Diante da crescente inquietação dos judeus, Antíoco promulgou em 167 AEC, um decreto proibindo a prática das regras da Torá, especialmente a abolição da circuncisão[19] e ofertar porcos no altar.

Antes de conduzir suas tropas para o Irã, o soberano deixa Jerusalém sob a administração do sumo sacerdote e seu exército sirio-grego. Aquelas proibições e essas atitudes desrespeitosas levam ao início da revolta dos judeus fiéis à Torá contra os assimilacionistas.

Da cidade de Modiin, onde habitam o ex-sumo sacerdote Matatias da família hasmoneana e seus cinco filhos, incluindo Judas (apelidado de Macabeus),[20] a guerrilha se expandirá para recuperar Jerusalém e seu Templo. Objetivo? Restabelecer o culto monoteísta. Apesar de enviar diferentes generais (Apolônio e Górgias), a vitória sorri aos judeus, Judas se mostrando um hábil estrategista. Em 164 AEC, antes de sua morte, Antíoco IV oferece anistia, mas Judas pressiona sua infantaria até a libertação de Jerusalém. Aos 25 do mês de kislev (dezembro) deste ano, Jerusalém é libertada e o Templo conhece uma nova dedicação (*hanucá*). Então será adicionada mais tarde a Festa das Luzes ou *Hanuká* no calendário de Israel.

---

[17] Um relato talmúdico diz que o sumo sacerdote Simão o cumprimentou, em frente ao Templo, com suas vestes sacerdotais.
[18] Os nomes revelam claramente a helenização.
[19] Abolição da *berit mila* "aliança de circuncisão", que a Torá remonta a Abraão, significa abolição do Judaísmo. No entanto, algumas correntes liberais americanas contemporâneas defendem esta abolição, considerando que o culto sinagogal e a educação religiosa para crianças pode manter a identidade judaica. Essas correntes permanecem em minoria.
[20] Em grego "Martelo", como tínhamos nosso Charles Martel. Este nome dará o livro dos *Macabeus*, que não faz parte do cânon pela tradição judaica, mas interessante para o historiador.

É do cerne deste conflito entre judeus e gregos, mas também entre judeus tradicionalistas e judeus helenizados que nascerão os germes do movimento fariseu.

Consequências da vitória

Entre os mais piedosos da revolta estavam os *Hasidim*,[21] fervorosos fiéis à prática tradicionais das regras toraicas. Foi esse quadro normativo que Antíoco queria abolir, e o que levou à revolta.

Após a vitória de Judas, os *Hassidim* tornam-se um partido político, enquanto outros vão deixar a cidade para se dedicar a uma vida mais espiritual em torno de um mestre fundador, eles formarão os Essênios.

Enquanto isso, os Hasmoneanos mantêm a realeza, ao contrário do imperativo bíblico que exige a separação do religioso e da política (Dt 16 e 17). O reino da Judeia recupera sua independência perdida desde a destruição do Templo de Salomão em 586 AEC, por Nabucodonosor.

Um dos descendentes de Matatias, João Hircano, que reinará de 134 a 104 AEC, vai primeiro se confrontar com o movimento fariseu, que o historiador Flávio Josefo (37 – 100 EC) apresenta, a partir daí, como "movimento do pensamento", estruturado e investido na cidade. Este movimento reprova o rei por seu acúmulo de poderes. A resposta agressiva da realeza obriga os fariseus a se exilarem no Egito.

Com a morte do soberano, Rainha Salomé Alexandra anistia os exilados para ajudá-la a administrar o estado. Mas outro conflito surgirá com a casta sacerdotal, os saduceus, sempre atraídos pelo poder, enquanto os fariseus permanecem perto do povo porque nasceram em seu meio. A isso será adicionado o conflito entre os dois filhos da falecida rainha, Aristóbulo II e Hircano II lutando pelo trono. Este último apela a Pompeu para pacificar a Judeia.

Em 64 AEC, o imperador de Roma entrou em Jerusalém com suas legiões, aprisiona Aristóbulo, proclama Hircano o sumo sacerdote do Templo, e impõe a *pax romana* com todas as suas consequências econômicas e religiosas.

---

[21] Literalmente "caridosos". Este termo será encontrado frequentemente na história judaica, especialmente no século 18 com o nascimento, na Europa Oriental, de um movimento místico popular, também chamado de *Hassidismo*.

Um Idumeu,[22] Antipater, um político hábil conseguirá ser reconhecido como procurador da Judeia. Quando ele morreu, seu filho Herodes, conhecido como *o Grande*, vai herdar o cargo, é neste ponto da história que os Evangelhos começam (Mt 2).

A religião dos hebreus

Não sabemos nada sobre a prática ritual no tempo dos profetas, ou seja, o período hebraico. O Livro dos Profetas (*Neviim*) não menciona ritos alimentares, nenhuma prática exacerbada do *Shabbat* – exceto a proibição de atividades relacionadas com o comércio.[23] Não há nenhuma oração institucional, nenhuma sinagoga, uma vez que o culto se concentra no Templo, especialmente durante as festas de peregrinação (Ex 23,17; 2Cr 8,13; etc). Os profetas, que constituem um contrapoder, recorrem essencialmente a ética monoteísta ridicularizada pelos líderes e, consequentemente, pelo povo. Tudo acontece como se a emergência consistisse em fundar a cidade do Deus Um.

Este monoteísmo universal germinará durante o exílio na Babilônia, em torno da figura de Isaías e de sua escola. Ao retornar deste exílio, os judeus proclamam um Deus único, Criador dos céus e da terra e de tudo o que existe. Mas além desta proclamação de fé, que permanece única em meio ao politeísmo ambiental, os chefes religiosos, sucessores dos profetas, elaboram os rituais da vida judaica como uma expressão concreta de amor deste Deus único. Então vamos passar do hebraísmo ao Judaísmo.

Do hebraísmo ao Judaísmo

Este Judaísmo como a religião dos judeanos (judeus), se desenvolveu a partir de Esdras e a Grande Assembleia (*Knesset Haguedolá*), cinco séculos antes de Jesus.

A este colégio de sábios devemos, entre outras coisas: a instituição da leitura pública da Torá, o Shabbat e as festas; o desenvolvimento das

---

[22] Um descendente de Esaú, chamado Edom na Torá (Gn 25,30). Idumeia ficava a sul da Judeia.
[23] Por exemplo, Jr 17,21-22, Is 56,6, etc.

sinagogas (culto local) - apesar da presença do Templo de Jerusalém. Igualmente a elaboração das orações e bênçãos (por exemplo, sobre o pão e o vinho que Jesus recita antes da refeição); as regras de observância sabática, regras alimentares (*kashrut*) e do puro e do impuro.[24] Enfim, de uma forma global, esta assembleia coloca premissas dos ritos que caracterizarão o Judaísmo rabínico até ao surgimento da Reforma no século XVIII EC.

Este modo de elaboração de ritual (*halakhá*), mas também do pensamento religioso (*agadá*), se desenvolve graças à metodologia do *midrash*, "pesquisa" e tem o nome genérico de *Torah Shebeal pê*, "a Torá na boca" ou a Torá oral, em oposição à Bíblia, que se torna depois *Torah Shebikhtav*, a Torá escrita.[25]

Um olhar sobre o rito

Os ritos têm valores positivos: unificar uma comunidade, transmitir uma memória para uma comunidade, para transmitir uma memória às novas gerações (refeição sabática, *seder* de *Pessah*, etc), de expressar concretamente sua fé, seu amor a Deus etc; mas, ao mesmo tempo, podem fechar os ritualistas em condutas repetitivas, criar divisões entre religiosos e não religiosos, colocando o religioso acima da ética etc.

A resposta farisaica aos rituais não foi uniforme, cada mestre, cada escola decidia de acordo com o seu axioma anterior; alguns eram rigorosos, outros mais flexíveis; alguns colocaram a ética como o fundamento da religião, outros inverteram as polaridades.

Algumas discussões relatadas no Talmud revelam esta tensão interpretativa. Por exemplo, esta passagem:

> A escola de Shamai ensina: os Céus foram criados antes da Terra, pois está escrito (Gn 1,1) No princípio Deus criou os **Céus e a Terra**; a escola de Hillel ensina: a Terra foi criada antes dos Céus, pois está escrito (Gn 2,4): 'no dia em que a **Terra** e os **Céus** foram criados'. (TB '*Haguigá* 12 a)

---

[24] Isto não exclui o fato de que no período profético, não existiam as formas ritualizadas.
[25] Embora a Torá designe *stricto sensu* o Pentateuco, pode também referir-se ao *Tanakh*, o conjunto da Bíblia hebraica.

Sempre nos surpreenderemos com este tipo de interpretação. Se existe Criação, então tudo aparece no instante do Princípio; não antes, não depois?

Na verdade, temos de compreender a discussão (*ma'hloket*) no centro de um debate sobre a hierarquia de valores (que diz respeito a todas as religiões). Shamai encarna a franja rigorista da religião, os Céus, ou seja, a vida religiosa precede a Terra, a vida profana, e esta última terra, deve submeter-se aos imperativos celestiais. Hillel representa flexibilidade: religiosamente deve se ter em conta a existência humana com os seus altos e baixos para trazê-la à vida espiritual.

Em absoluto, ambas as abordagens podem ser compreendidas e permanecem autênticas – ambas opiniões são baseadas no mesmo texto da Torá - mas ao mesmo tempo, a forma de ler, que é sempre uma forma de interpretação, implicará escolhas de comportamento.

A seguinte anedota revela concretamente as consequências destas duas visões:

> Um pagão veio ver Shamai e perguntou-lhe: 'Irei me converter (ao judaísmo) se tu me ensinares toda a Torá, apenas o tempo suficiente para ficar sobre um pé'. Shamai expulsou-o. O homem veio a Hillel com o mesmo pedido. Hillel respondeu-lhe: 'O que tu não queres que te façam, não o faças a outros, ou seja, eis toda a Torá; o resto é comentário, vá e estude'. (TB *Shabbat* 31 a)

Assim, pode-se referir as mesmas fontes bíblicas, as mesmas águas vivificantes, e propor diferentes formas, cada um pode tirar dela a sua própria água. Shamai provavelmente fazia uma brincadeira, pois não se pode aprender toda a Torá em tão pouco tempo, quando uma vida inteira não pode ser suficiente. O imperativo dos Céus precede as exigências da Terra. Hillel pôs-se à escuta deste personagem curioso, respondeu ao seu nível com a famosa regra de ouro da não-agressão, da não-violência[26] como fundamento de toda a Torá, sendo todo o resto (todos os ritos) um mero

---

[26] Jesus usará uma fórmula positiva: "Portanto, fazei aos outros tudo aquilo que quereis que eles vos façam" (Mt 7,12). Jesus sublinha que as relações humanas se baseiam numa expectativa egocêntrica natural de ser transformada em altruísmo. Hillel ignora esta expectativa primária e postula de imediato a não agressão.

comentário. A Terra perante os céus. Uma ideia original do ponto de vista do Judaísmo, o que obriga a pensar nas regras as mais normativas (Shabbat, *kashrut*, purificação etc.) dentro de um sistema de ética universal.

A dupla Shamai e Hillel representa o arquétipo do pensamento farisaico (mesmo que eles mesmos nunca tenham se autodenominado assim) fundado na livre interpretação do texto sagrado. O termo *ma'hloket* associado a este tipo de debate vem da palavra *helek*, que significa parte, cada uma das escolas tirando sua parte dos versículos bíblicos. Realmente, Jesus, depois Paulo, depois os Padres da Igreja utilizarão o mesmo processo hermenêutico: a Bíblia no centro (Torá escrita)[27] e a interpretação que oferece uma leitura (Torá oral).

Em relação ao nosso tema, parece-nos importante compreender que se politicamente os fariseus quisessem ser continuadores da tradição, e pudessem, portanto, formar um grupo monolítico contra os reformadores ou assimiladores, em nível individual, cada um expressava suas convicções, sem que esta escolha se impusesse como escola ou forma de pensamento. Isto explica a presença de diferentes escolas de interpretação em torno de um mestre, um Rabino que desenvolvia seu próprio sistema hermenêutico, o seu próprio *midrash*, seu método de investigação.

Sem dúvida que este modo interpretativo, levado ao excesso, ocasionou uma réplica irônica, tal como expressa pelos essênios, denunciando os *dorshey 'halakhot* (ver acima, 2.4 Fariseus fora do Evangelho e 2.5 Os fariseus para o Historiador). No entanto, se não levarmos em conta as nuances psicológicas que constituem a humanidade dos grupos, arriscamo-nos, por nossa vez, a cair no excesso oposto, acreditando que todos os membros de uma comunidade são parecidos, o que, de um ponto de vista bíblico, constitue igualmente uma heresia.

2.6 Testemunho de Flávio Josefo

Apresentamos aqui, *in extenso*, o testemunho do historiador Flávio Josefo concernente ao que ele chama as seitas filosóficas, a partir da sua obra "Antiguidades Judaicas" (Livro XVIII).

---

[27] Por exemplo, "foi-lhes dito (...) eu lhes digo"; ou as leituras midráshicas de Paulo para fundar a fé em Jesus.

Os judeus tinham, desde muito cedo, três seitas filosóficas que interpretam seus costumes nacionais: os essênios, os saduceus e finalmente aqueles que se chamavam fariseus. Embora eu os tenha mencionado no segundo livro da *Guerra Judaica,* no entanto aqui vou lembrá-los em poucas palavras.

Os fariseus desprezam o conforto da vida, sem conceder nada à voluptuosidade; o que sua razão foi reconhecida e transmitida como boa, eles se obrigam a se conformar e a lutar para observar o que ela lhes queria ditar. Reservam honras para aqueles que são avançados em idade e não se atrevem a contradizer arrogantemente as suas opiniões. Acreditam que tudo acontece pelo efeito do destino, mas não privam a vontade humana de ter qualquer influência sobre eles, pois acreditam que Deus acalmou as decisões da fatalidade pela vontade do homem para que este último se avance em direção à virtude ou ao vício.[28] Acreditam na imortalidade da alma e em recompensas ou punições concedidas sob a terra àqueles que, durante sua vida, praticaram a virtude ou vício, estando estes últimos condenados a uma prisão eterna[29] enquanto os primeiros têm a capacidade de ressuscitar. Isto é o que lhes dá tanto crédito junto às pessoas que todas as orações a Deus e todos os sacrifícios são regulamentados de acordo com as suas interpretações.[30] As suas grandes virtudes foram atestadas pelas cidades, pagando tributo ao seu esforço para fazer o bem tanto no seu no seu modo de vida como nas suas doutrinas.[31]

A doutrina dos *saduceus* provoca a morte de almas juntamente com os organismos, e a sua preocupação é observar somente as leis. Para argumentar contra os mestres da sabedoria[32] que eles seguem é visto a seus olhos como uma virtude. A sua doutrina é adotada apenas por um pequeno número, mas que são os primeiros em dignidade. Eles não têm praticamente nenhuma ação; pois quando chegam aos magistrados, contra a sua vontade e por necessidade, conformam-se com as propostas dos fariseus, porque, se não o povo não os apoiaria.

---

[28] Encontramos esta fórmula no Talmud (TB *Berakhot* 33 b) "O rabino Hanina ensina: 'Tudo está nas mãos dos Céus (Deus), exceto o temor de Deus (liberdade da virtude ou do vício)'".
[29] Esta visão seria mitigada um século mais tarde por uma Mishná (*Eduyot* 2,10): "O tempo de julgamento dos ímpios na Geena é de 12 meses". Esta é a razão pela qual as crianças de luto recitam durante 12 meses o *Kaddish* (equivalente ao *Pai Nosso*) para atenuar o rigor do julgamento.
[30] Metodologia do midrash.
[31] Constatamos aqui o olhar positivo sobre este movimento.
[32] Os Fariseus.

Os *essênios* acreditam em deixar tudo nas mãos de Deus; consideram a alma como imortal e julgam que se deve lutar sem deixar de obter os frutos da justiça. Enviam oferendas ao Templo, mas não fazem sacrifícios porque praticam um tipo diferente de purificação.[33]

É por isso que se abstêm dos recintos sagrados para fazer sacrifícios separadamente. Além disso, são pessoas muito honestas e inteiramente dedicadas ao trabalho da terra. É preciso admirá-los também, mais do que todos aqueles que visam a virtude,[34] pela sua prática de justiça, que nunca existiu entre os gregos ou a bárbaros, uma prática que não é nova, mas antiga entre eles. Seus bens são comuns a todos e o homem rico não goza mais dos seus bens do que aquele que não tem nada. E há mais de quatro mil homens que vivem assim.

Não se casam e não procuram adquirir escravos porque consideram que um traz injustiça, e o outro é causador de discórdia; vivem entre si, ajudando uns aos outros. Para recolher a rendas e o produto da terra escolhem o braço erguido de homens justos e sacerdotes para a preparação do alimento e da bebida. Não há nada de invulgar na sua existência, mas sua vida é uma reminiscência, no mais alto grau, dos Dacianos chamados "Fundadores".[35]

A quarta seita filosófica[36] teve este *Judas, o Galileu*, como seu fundador. Os seus seguidores concordam, em geral, com a doutrina dos fariseus, mas têm um amor invencível de liberdade, pois consideram que Deus é seu único governante e mestre. Os mais extraordinários tipos de morte, os suplícios dos seus familiares e dos amigos os deixam indiferentes, desde que não têm de chamar nenhum homem pelo nome de mestre.[37] Como muitas pessoas já testemunharam da firmeza inquebrantável com que suportavam todos estes males, não digo mais, pois receio que ninguém duvide do que eu disse sobre eles, mas, pelo contrário que as minhas palavras dão muito pouca ideia do desprezo com que aceitam e suportam a dor. Esta loucura começou a ser galopante entre o nosso povo sob o governo de Géssio Floro[38] que, pelo excesso da sua violência determinou-os a revoltarem-se contra os Romanos. Tais são, portanto, as seitas filosóficas que existem entre os judeus.

---

[33] Imersões mais importantes do que sacrifícios no Templo.
[34] Acima, fariseus.
[35] Certos povos trácios que viviam sem mulheres.
[36] Trata-se dos zelotas, os seguidores que queriam expulsar os Romanos da Judeia.
[37] Jesus atenderá a esta exigência em Mt 23,8.
[38] Procurador da Judeia em 65.

CAPÍTULO III

Os Fariseus no Evangelho

Vamos dedicar esses capítulos à relação que Jesus mantém com a Tradição de Israel e seu povo. Esta Tradição, com um "T" maiúsculo, inclui a Bíblia, a *Torá escrita*, e os ensinamentos transmitidos a partir dos profetas, a *Torá oral*, da qual os fariseus querem ser os guardiões enquanto a desenvolvem.

Esta Torá oral, ainda não escrita, não constitui uma estrutura normativa na forma de um credo essencial, mas uma proliferação de interpretações veiculadas por diferentes mestres que formam escolas (escola de Shamai, escola de Hillel, etc).

Assim, o povo judeu da época do Segundo Templo, longe de ser monolítico em termos de doutrina, crença e prática, apresenta uma paleta colorida. Lembremos que os saduceus e os samaritanos recusavam estas leituras farisaicas muito exageradas para seus olhos, a favor de uma leitura mais literalista.

Ainda hoje alguns judeus se interrogam sobre a extrapolação do triplo versículo da Torá "Não cozinharás o cabrito no leite de sua mãe" à proibição de cozinhar, comer e beneficiar de uma mistura de leite e carne.

Mas recordemos também que a maioria do povo judeu daquela época, aqueles a quem os Evangelhos chamam de "a multidão", estavam no meio desses movimentos, entre a prática e a ignorância. O fato de que foi necessário traduzir a Torá do hebraico para o aramaico revela bem essa ignorância da língua original e, portanto, do contato direto com a mensagem profética.

Viver o Judaísmo, expressão um pouco anacrônica nessa altura, significava viver a identidade judaica na cultura judaica adorando ao Deus único no Templo de Jerusalém. Íamos à sinagoga quando podíamos, no

Shabbat e nas festas (dias de descanso), segunda e quinta-feira (dias de mercado); quanto ao resto, fazíamos o melhor de nossa fé.

Hoje em dia, encontramos o mesmo padrão sociológico: estudiosos (dos mais ortodoxos aos mais liberais), intelectuais mais ou menos praticantes, e uma maioria judaizante vivendo as tradições (grandes festas, ritos de passagem como circuncisão, bar mitzvá ou ritos de luto) e frequentando a sinagoga (10% da comunidade judaica na França), mas que nem sempre compreende o hebraico.[1] Este foi o contexto histórico onde Jesus apareceu.

Na análise dos Evangelhos que, a exemplo da Torá, se apresentam em livros da Fé (*emuná*) em vez de em livros históricos,[2] encontramos dois discursos: em primeiro lugar, claro, o mais importante, a *boa nova*: o messias (*mashiah*) anunciado pelos profetas de Israel revelou-se entre o povo de Israel, na Judeia (a terra de Israel), e em particular em Jerusalém, e ele morreu e ressuscitou para redimir os pecados do mundo. Mas o segundo e igualmente importante discurso não pode a ser evitado: a crítica ao "Judaísmo"[3] da época do segundo Templo, como a saduceia, mas acima de tudo a farisaica, que Jesus na maioria das vezes enfrenta.

Se esses debates se desenrolaram ao vivo/*live* de acordo com o testemunho dos evangelistas ou não, é de pouca importância aqui. Mas, parecia-nos necessário confrontar o ensinamento de Jesus com os dos fariseus e escribas formando uma unidade monolítica, para dar a última palavra e vitória ao filho de Maria. A Torá de Jesus contra a Torá dos fariseus.

Ou os fariseus estão presos a um ritualismo seco e extenuante, desumanizado e desmoralizado ou não sabem como compreender as palavras do Pai, uma vez que são "cegos guiando cegos".

Certamente, como dissemos na introdução, podemos reler todos os Evangelhos sem as disputas, e sua mensagem permaneceria igualmente poderosa, menos os insultos; mas era preciso, teologicamente e por isso, teve necessariamente de passar por esses confrontos.

---

[1] Embora haja um aumento no conhecimento do hebraico através da frequência de um *ulpan*, escola de aprendizagem de hebraico moderno, quer para preparação para *aliá* em Israel, ou para se manter em contato com a família ou amigos que aí vivem.

[2] Esta já é a nossa convicção para a Bíblia, ou seja, que não podemos prescindir de contribuições científicas e resenhas (por exemplo, o trabalho de Thomas Romer).

[3] Historicamente o *Judaísmo*, como religião judaica, nascerá após a destruição do Templo. É por simplificação que estamos falando sobre o *Judaísmo*, que era plural antes desta destruição.

Paradoxalmente, a mensagem de Israel, por meio/*via* dos fariseus, é muito valiosa aos olhos dos evangelistas para não a confrontar frontalmente. Por que não? Porque os fariseus são os escrupulosos guardiões da Torá e da prática dos mandamentos, e muito mais do que os saduceus. Os últimos estão apenas preocupados com adoração no Templo, além disso, de acordo com Josefo e o Talmud, foram corrompidos pelo poder e muitas vezes poucos instruídos em relação às suas próprias funções.[4]

Mas a oposição de Jesus visa o fim da autoridade farisaica, que se tornará o Judaísmo rabínico durante o exílio? Jesus oferece uma nova fé para Israel? Mas comecemos por João Batista.

3.1 João Batista e os fariseus

Entremos agora na história do Evangelho para descobrir os fariseus como apresentados no texto. Sua primeira aparição está no início de Mateus.

> João viu muitos fariseus e saduceus virem a ele para ser batizados; e lhes disse: 'Raça de víboras! Quem vos ensinou a fugir da ira de Deus que virá? Mostrai, através de atos, que mudastes vossas vidas, e não penseis que é suficiente dizer a vós mesmos: "Abraão é nosso pai!" Porque eu vos digo que Deus pode usar estas pedras que estão aqui para as fazer filhos de Abraão (João se refere aqui a Is 51,1-2)![5] O machado já está pronto para cortar árvores pela raiz: cada árvore que não produza bons frutos será cortada e jogada ao fogo'.

Descobrimos imediatamente este personagem chamado João[6] que pratica imersões purificadoras, o que a tradição judaica chama de *tevilá*, daí seu título hebraico *Yohanan hamatbil* "João, o imersor".

Nenhuma informação sobre o personagem, exceto o que diz este texto. Podemos supor que havia uma tradição oral nas primeiras co-

---

[4] Isso emerge em particular do tratado de *Yoma* em Kippur, que descreve como os fariseus *treinavam* o sumo sacerdote uma semana inteira antes do grande dia;
[5] Observamos a prevalência das imagens bíblicas em linguagem retórica, como os nossos provérbios em francês.
[6] Flávio Josefo o menciona como uma figura amada por muitos judeus (Ant 18,116-19).

munidades judaico-cristãs, e que esta referência por si só era suficiente para situar nosso batizador, *imersor*.[7]

Observemos imediatamente - e esta observação será aplicada a todo nosso estudo - que a história pode ser compreendida em dois níveis, do ponto de vista do Cristianismo, claro, já que estamos em seu livro de fundação, mas também do ponto de vista do Judaísmo, porque toda a história se desenrola num ambiente judaico, entre judeus, com ritos da tradição judaica. Nada de novo sob o Sol.

3.1.1 A imersão de acordo com fontes judaicas

Estas duas abordagens oferecem duas traduções do grego, que recuperam o aramaico mateano, de acordo com a hipótese de que havia um evangelho em aramaico: imersão ou batismo. Trata-se do mesmo ato, mas com duas leituras diferentes. Judeus e cristãos caminham juntos no mesmo caminho bíblico, e simultaneamente dois ouvintes são ouvidos.[8]

Em aramaico/hebraico, temos a raiz T.V.L. que significa "mergulhar em um líquido, imergir", e que dá *teviltá/tevilá* = embebição, imersão.

A primeira ocorrência se encontra em Ex 12,22: "Depois tomareis (os filhos de Israel) um ramalhete de hissopo e mergulhai-o no sangue que se encontra na bacia e colocai-o nas ombreiras das portas e no lintel de vossas casas. Então ninguém sairá de sua casa até à manhã".[9] Trata-se de fato aqui de uma imersão no líquido sanguíneo.

A primeira referência à imersão total do corpo é mencionada em Lv 15,16 "um homem que perde o líquido seminal, deve lavar toda sua carne (o seu corpo) nas águas, e ficará impuro até a noite (quando regressará ao seu estado de pureza)". Embora o verbo utilizado seja R.'H.TS. "lavar", na tradição oral significa uma imersão total. Até mesmo os Karaites,[10] que recusavam a tradição oral, também a leram desta forma.

---

[7] Porque os primeiros cristãos viam em João a encarnação de Elias, Mateus também o retratou tão impetuoso como o profeta.
[8] O muçulmano é o terceiro companheiro de viagem.
[9] Este texto foi escrito quando estamos confinados em nossas casas enquanto a Covid está causando tantas vítimas. A humanidade aguarda sua manhã de libertação
[10] O Karaismo (root k.r.h = ler / Alcorão) se separou do Judaísmo rabínico por volta do 7º século EC, considerando a única autoridade da Bíblia hebraica.

As noções de puro e impuro são complexas no Judaísmo e estarão sujeitas a uma jurisprudência meticulosa no Talmud.[11] Estas leis, de origem bíblica, baseiam-se no desejo manifesto de se distanciar primeiro fisicamente da morte. Os hebreus queriam realmente distanciar-se do culto dos mortos, a invocação dos mortos (Lv 19,31), para oferecer um culto ao "Deus de (a) vida / Deus vivo" (Dt 5,26).

Este distanciamento da morte pode ser compreendido pelo menos em dois níveis: no nível físico e no nível metafísico. No nível físico, essas regras exprimem uma profilaxia.

Os hebreus tinham uma presciência de higiene.[12] Todo cadáver transmite flora bacteriana e possivelmente doenças.[13]

A pessoa em contato com ele tinha que ficar isolada durante sete dias antes de se mergulhar em água corrente (rio, mar, bacia de água pluvial). Podia-se também proceder a lavagem das mãos, banhos e afins, abluções antes da refeição por razões de saúde.

Notemos que essas purificações permaneceram opcionais, mas tornaram-se imperativas para subir a Jerusalém durante as festas de peregrinação e para sacerdotes "impuros".

O segundo significado, que não anula o primeiro, traz a dimensão espiritual. Mergulhar-se nas águas vivas significa querer aproximar o coração em direção ao Criador, "para lavar sua alma" para se apresentar perante o Rei dos reis. Aqui a vida ou morte não se referem mais ao biológico, mas ao transcendental. Afastar-se de Deus pelo não respeito de Sua vontade e de Suas leis equivale a morrer,[14] *a cometer o suicídio*. Por outro lado, aproximar-se de Deus através de boas ações ou o arrependimento (*teshuvá*) é viver, reviver, para ressuscitar (estes três verbos formam um em hebraico).[15]

Sabemos que os essênios praticavam essas imersões e alguns fariseus incluíram esta prática em sua vida religiosa. Os cabalistas, os es-

---

[11] O Talmud é dividido em 6 partes ou Ordens, e a Ordem maior é a de Taharot "Purificações".
[12] Só no século 19 que o médico austríaco Inácio Philippe Semmelweis introduziu a lavagem das mãos antes dos cuidadores entrarem na sala de parto.
[13] A Medicina fala de quatro floras: cutânea, respiratória, genital e digestiva.
[14] Este é o significado de "morrer, tu morrerás" anunciado por Deus a Adão se ele consumisse o fruto proibido. Adão era biologicamente mortal, uma vez que tinha que comer, mas estava vivo espiritualmente, obedecendo ao Senhor.
[15] A expressão *mehayê hametim* significa esses 3 conceitos.

cribas do *Sefer Torah*, os hassidim irão submergir-se regularmente antes da oração matinal, daí a presença de banhos, rituais (*miqvê*) das sinagogas antigas, medievais ou modernas. No nosso exemplo, João mergulha ou convida a uma imersão para o regresso sincero a Deus dizendo: "Arrependei-vos, porque o Reino dos Céus está próximo" (Mt 3,2).

3.1.2 Convite ao arrependimento

Numa verdadeira leitura judaica (coerente com a fé cristã), João convida a uma verdadeira *teshuvá*, como os profetas de Israel (Dt 30,10; Is 44,22; Os 14,2 ou Jr 3,14). A leitura cristã verá nela uma prefiguração do Batismo para se tornar um cristão, daí a ambiguidade da sua tradução como "convertei-vos". Segond traduz com cautela: "Mudai radicalmente" e a King James propõe: "Arrependei-vos".

Entre o corpus normativo dos mandamentos (*mitzvot*) enunciados mais ou menos claramente na Torá (a tradição fala de 613 mandamentos),[16] o arrependimento tem uma especificidade: procede, por definição, a partir de uma consciência do afastamento de homem em relação a Deus e o desejo de voltar para Ele. A palavra hebraica *teshuvá* que vem da raiz *shuv*, "retornar, reconciliar-se", como uma pessoa que se desviou e volta aos seus passos. Observemos que a etimologia latina de "conversão" transmite a mesma ideia de mudança de direção; não uma mudança de religião. Trata-se muito mais de uma questão de um retorno à fé autêntica, ao serviço do coração (*avodat halev*), ao amor de Deus, do qual já falou Moisés em seu último discurso (Dt 6,5; 26,16; etc) e depois os profetas que o seguiram (1Rs 8,18; Ez 11,19; Ml 3,24; Pr 4,21, etc).

Quem são estas pessoas arrependidas que se aproximam deste Rabino do Mar Morto? Judeus, Jerusalemitas e ribeirinhos do Jordão, Galileus, Samaritanos talvez? Por hora, estamos em um universo judaico-cêntrico, e estas pessoas judaicas vêm por elas mesmas a este guia espiritual. Elas desejam esta purificação, elas aceitam, a exemplo de Abraão, deixar "seu país, sua cidade, sua casa paterna" (Gn 12,2), ou

---

[16] TB *Makoth* 23 b, ensinamento do Rabino Simlai. Por isso, os detalhes desses 613 não são explicados.

seja, seu passado pecaminoso. Elas começam e almejam, como o *filho pródigo*, o retorno aos braços do Pai misericordioso, que não quer a morte do pecador, mas "que ele volte e viva" (Ez 18,32). Este deslocamento do corpo implica num deslocamento da vida interior.[17] Um midrash ensina: "Abri para mim vosso coração ao arrependimento, diz o Santo, bendito seja Ele, como o olho de uma agulha, e abri-la-ei para deixar passar carroças e caleches" (Cântico Rabá 5,2).

A *Teshuvá*, o arrependimento, a conversão, este movimento de retorno para si próprio, para retornar a Deus implica um profundo questionamento de si próprio, com o reconhecimento de suas falhas, de seus erros. É assim que as pessoas se dirigiam a João, "para confessar seus pecados".

Esta tradição de confissão já existe na Torá e se chama *vidui* (Lv 5,5; 16,21). O verbo *vehitvada* (forma refletida) significa "ele se confessará", mas a quem? Nem a um outro homem, nem mesmo a Deus, mas a si próprio perante Deus. A pessoa arrependida "deve ouvir aos seus ouvidos o que lhe sai da boca". Isto não exclui a presença de um confessor, de um mestre, que conduzirá o arrependido; mas nada obrigatório. João mostra um caminho de acordo com o versículo de Isaías (40,3) que Mateus aplica[18] a sua pessoa: "Uma voz clama no deserto: preparar o caminho do Senhor, endireitar seus caminhos". Isto é uma leitura espiritual que diz respeito ao caminho das vidas íntimas.

Historicamente, o batismo é compreensível. Como o movimento anterior dos essênios apela aos homens que sentem o fim de um mundo revelado pela crise econômica, a opressão dos romanos, os conflitos entre partidos políticos, a agitação dos zelotes. Percebemos a desesperança no ar! E João com seu carisma, seu ensinamento autêntico (da Torá), sua forma de orar e de viver, reúne centenas de pessoas sedentas de verdade, sedentas de Deus, longe de tumulto das cidades. A busca de autenticidade, a busca de arrependimento através da confissão franca de suas falhas, de seus fracassos, para andar no caminho reto de Deus como ensinaram Moisés e os profetas de Israel, antes da imersão final.

---

[17] Pensamos nas pessoas que vão para retiro espiritual para refazerem sua alma.
[18] Pois este não é o significado óbvio da TM que diz: "Uma voz proclama: no deserto preparai o caminho do Senhor; nivelai na estepe uma estrada para nosso Deus". Isaías fala do retorno dos exilados a Jerusalém, daí a reparação de estradas.

Este cerimonial, por mais original que seja atualmente, tem sua origem no ritual de jejum de Yom Kippur mencionado no capítulo 16 de Levítico. Mas neste cenário de expiação, apenas o sumo sacerdote (*cohen gadol*) expressava o *vidui* e mergulhava no banho ritual. Com os essênios, e especialmente com João, esse ritual expiatório tornou-se mais democrático. O dia de Kippur, além de ser solene no Templo, no 10º dia de *tishri*, torna-se o dia de arrependimento de qualquer pessoa que venha ao encontro do batizador. Quanto ao próprio jejum, como aprenderemos mais tarde (Mt 9,14-15), era praticado regularmente nesta comunidade.

Neste contexto judaico, que não pode ser objetivamente evitado, pode-se perguntar se este arrependimento envolvia a prática das *mitzvot* com a sinceridade de coração? Pois, nesta fase, não há nada que indique qualquer abolição dos ritos tradicionais. O próprio João deve ter praticado com zelo o Judaísmo[19] e convidado seus discípulos a imitá-lo, fazendo de cada *mitzvá* uma experiência de fé.

No entanto, para João, a urgência do arrependimento foi justificada pela iminência de Reino do qual ele estava convencido.

3.1.3 O Reino dos Céus[20] está próximo

A expressão de João, que será encontrada na boca de Jesus, pode ser compreendida de diferentes maneiras.[21] A primeira, ensinada pela fé cristã, refere-se ao Reino que Jesus vai inaugurar com a sua vida e especialmente após sua ressurreição. Evidentemente ela traduz a intenção de Mateus. Se João encarna o profeta Elias (*Eliahu*), Jesus se torna o Messias, que inaugura "o dia do Senhor" de acordo com a profecia de Malaquias (3,23).

Notemos que de acordo com o TM, Elias anuncia *o dia do Senhor* (*yom YHWH*),[22] sem a menção do Messias; a missão de Elias consiste unica-

---

[19] A alimentação de João *é kasher* porque há gafanhotos permitidos (Lv 11,22). Velhos judeus marroquinos disseram-me que uma vez os comeram com cuscuz, antes de serem substituídos por sultanas (passas).
[20] "Reino de Deus" em Marcos e Lucas. A comunidade judaico-cristão de Mateus não usa o santo nome de Deus, e prefere substituí-lo pelo *Céus*. Deus está entronizado nos céus, um tema recorrente na Bíblia.
[21] Cf. nossos trabalhos anteriores.
[22] Alguns evangelistas veem no tetragrama YHWH as letras de YeHosHuA (Jesus). Esta leitura é errônea, porque a letra *ainy* não faz parte do tetragrama construído a partir do verbo

mente em reconciliar as gerações. Mas uma tradição oral de Israel, posterior a Malaquias (século V AEC) e anterior aos Evangelhos, afirmava que Elias precederia a vinda do filho de David[23] antes *do dia do Senhor*.

Mas esta leitura da fé cristã não se fecha em si mesmo, porque o texto sugere (provavelmente a intenção do Batista) que o arrependimento sincero nos aproxima da realeza divina, a única realeza autêntica.

A primeira menção à realeza divina encontra-se na canção do mar de Juncos, quando todo Israel termina com esta glorificação: "o Senhor *reinará* para sempre" (Ex 15,18). Ao saírem do Egito os hebreus deixam um poder despótico, a escravidão cruelmente imposta pelo faraó (Ex 1,13-14). Um governante abusou de seu poder para esmagar o Homem. Sete semanas depois, no Sinai, o Senhor inaugura o Decálogo com: "Eu sou o Senhor vosso Deus, que tirou da terra do Egito (*Mitsrayim*),[24] da casa dos escravos".

Não bastou dizer *país do Egito* ou *casa de escravos* para lembrar? Na verdade, esta palavra pode ser entendida da seguinte forma: "o país do Egito" que foi transformado em "casa de escravos". *Mitsrayim* poderia continuar a ser uma terra acolhedora para os hebreus como era na época de José, mas "surgiu um novo rei" e sua nova política abusou da realeza.

Parece importante lembrar constantemente que qualquer país pode cair no domínio de Homem, o que se subtende que ele também pode levantar-se por sua libertação, tal como os países que lutaram contra a ideologia nazista.

Mais tarde, os profetas vão denunciar todos os abusos de poder, político, religioso, econômico etc, em nome Daquele que possui todos os poderes, o "Rei da glória" (Sl 24).

Mas o que existe no nível dos Estados, existe também no nível da vida pessoal. Qual faraó nos domina? Que rei sugere que devemos ser felizes à custa dos outros?

---

hovê "ser". É verdade que o hebraico, alfabeto consonantal, permite muitas possibilidades, sem mencionar a numerologia.

[23] Esta elaboração tardia em relação a Malaquias é encontrada nas bênçãos do texto dos Profetas (*haftará*), lida após a perícope sabática, e na liturgia do fim do Shabbat. Aqui e lá Elias anuncia o messias filho de David. Agora esta noção de realeza permanece cara à fé de Israel.

[24] Em hebraico, esta palavra significa "dupla estreiteza". Esta é, evidentemente, uma leitura simbólica que não condena o país do Egito em sua essência. O anagrama de *Mitsrayim* também propõe "vestuários de lã" à *Tsmarim* que esquentam durante o frio. A escolha entre bom e o mal permanece constante.

Esta é a origem da falha, do pecado, do fracasso. Este aqui é o convite de João: desistir de seus abusos de poder para reconhecer a única realeza de Deus, não a de um déspota, mas a deste Pai que busca a paz, a alegria e a felicidade de Seus filhos.

Infelizmente extremistas e outros fundamentalistas oferecem uma versão violenta e totalitária, o que torna Deus um tirano de Homem, ao invés de reconhecê-lo como Fonte de bênçãos.

Esta proximidade com o Reino pode, portanto, ser entendida em duas leituras não contraditórias, a primeira oferecendo a base de Identidade cristã.

Mas aí vêm os fariseus ...

3.1.4 Os bemvindos e os indesejados

Se os primeiros a chegarem parecem generosamente acolhedores, a chegada de um grupo de fariseus e de saduceus desperta uma afronta humilhante inaugurada por "raça de víboras".[25]

Surpreendente? Finalmente, se os fariseus e os saduceus, mestres de Torá e membros do sacerdócio, fazem esta viagem iniciatória, por que não lhes abrir os braços? Pense na parábola do *filho pródigo*!

Como situar essa agressividade de João, em referência ao versículo "amarás o teu próximo como a ti mesmo" (Lv 19,18)? Sem omitir que Jesus anunciará em seu sermão que toda injúria merece um julgamento severo (Mt 5,22); e é claro no momento da redação dos Evangelhos, este *Sermão* é conhecido.

A primeira resposta possível é que o redator mateano, desapontado por não ter convencido os fariseus do messianismo de Jesus, usa fórmulas insultuosas contra seus inimigos espirituais. Por conseguinte, os fariseus e saduceus, veem-se imediatamente desqualificados, sem a menor indulgência. Como se, entre o ensinamento do amor e sua prática, o desafio permanecesse sem solução...

A segunda hipótese refere-se ao Lv 19,17: "Não odiarás teu irmão em teu coração,[26] *repreender, tu repreenderás teu companheiro*". Pedago-

---

[25] Encontramos a psicologia do zeloso, como Finéias (Nm 25,7), Elias (I Reis 19,10) ou Jonas (4,1).
[26] Jesus relerá o versículo (*hiddush*): "amarás teu inimigo, ou seja, aquele que teu coração poderá odiar".

gia bíblica para não guardar o rancor em si mesmo, mas expressar o mal-estar. *Lavar sua roupa suja em família*, mas o acordo não será no final desta lavagem.

Terceira hipótese: trata-se de uma comissão de inquérito estabelecida pelo poder político-religioso de Jerusalém. Os líderes da capital da Judeia consideravam todo grupo essênio e ascético como um ameaça à *pax romana*, por causa de possíveis agitações, que aconteceram e que levaram a reações violentas dos romanos (prisões arbitrárias, torturas, crucificações etc.). Eles não se enganavam, considerando estes isolados em potenciais revolucionários uma vez que seu o isolamento procedia de uma crítica do poder terrestre. Mais tarde Jesus resumirá esta atitude por sua fórmula deslumbrante: "meu Reino não é deste mundo".

Dito isto, chamando-os de *raça de víboras* – e sem se referir necessariamente à serpente original - João sublinha que certa atitude[27]farisaica vale o veneno[28] que mata, ou pelo menos que enfraquece o corpo da doutrina religiosa.

Analisemos seu propósito. Antes de tudo, ele refere-se à ira divina iminente. Sua linguagem é indubitavelmente escatológica, em referência ao Juízo Final,[29] de acordo com conclusão de Malaquias (3,23): "o Dia do Senhor, grande e terrível".

Na Bíblia, a ira divina nunca é expressa aleatoriamente,[30] mas convida a uma volta ao bem.[31] Ela incansavelmente oferece a alternativa de arrepender-se, *teshuvá* e, portanto, do perdão celestial. Não esqueçamos de que é o Deus de amor – e não um demiurgo - que julga Seu mundo, e repreende contra o mal cometido. O que João reprova aqui? A lacuna entre o ensinamento da Torá e sua prática: o debate hebraico-judaico, portanto. Qualquer fórmula religiosa, qualquer gesto ritual que não envolva um profundo questionamento de seu ser interior, expressa apenas aquela "vaidade e sorte ou vento" para falar de acordo com Eclesiastes.

---

[27] TB *Bava Batra* 23 b.
[28] Para a tradição judaica, isso significa o *julgamento final*, pois o mundo é julgado a cada *Rosh Hashaná*.
[29] Por exemplo, *Na Epopeia de Gilgamesh*, os deuses enviam o dilúvio porque os homens fazem muito barulho.
[30] Dt 11,13-17; Jo 3,10.
[31] Ideia paralela em Ez 33,23-29.

Da mesma forma, não há nada de mágico na imersão (*miqvé*) que traduz o resultado de um caminhar e de um processo de renascimento para uma espiritualidade sincera, uma ressurreição para a verdadeira vida. Mas seriam esses fariseus e saduceus corruptos em princípio, em essência, pelo próprio fato de se intitularem fariseus ou saduceus?

É claro que não, não sabemos quem fazia parte deste grupo, e se forem todos, sem exceção e sem circunstância atenuante, corrupto "da sola do pé à cabeça, sem nada intacto" (Is 1,6). Só podemos tomar nota do texto literal.

Aos olhos de João, qual seria o argumento final dos fariseus em sua defesa (já que eles permanecem mudos)? A referência a "Abraão, nosso pai".

O primeiro patriarca, *Avraham*, realmente traz em seu nome a paternidade (Gn 17,7, *Av* = pai) de uma multidão de povos. Isaías (51,1-2) evoca o primeiro casal patriarcal para os exilados de Israel: "Escutai-me, vós que estais em busca de justiça e vós que buscais o Senhor! Olhai para *a rocha* da qual fostes esculpidos, para o poço do qual fostes tirados. Olhai para *Abraão, vosso pai*, e para Sara, vossa genitora".

Esta ligação com os antepassados representa a tradição oral, e certamente na época de João, a noção de *zekhut Abot* o "mérito de Pais".

Esta noção, muito presente na literatura rabínica e na liturgia judaica, significa que as ações virtuosas dos patriarcas constituem proteção espiritual para seus descendentes privados de boas ações.

Moisés estava na origem disto, ao dirigir-se a Deus, depois da culpa do bezerro de ouro, suplicou: "Lembra-te de Abraão, Isaque e Israel Teus servos..." (Ex 32,11-13). No Sinai, a infidelidade do povo desperta sua condenação, mas Moisés referindo-se aos patriarcas, cancela o rigor celestial e permite o perdão divino (v. 14).

João parece rejeitar esta referência aos antepassados: não se pode reclamar dos patriarcas sem se seguir seus passos.[32] Citemos um midrash na mesma linha:

R. Meir ensina: quando Israel estava diante do Sinai, o Santo, bendito seja Ele, lhes disse: "Vou dar-vos a Torá, em troca de garantias. Israel propôs

---

[32] Gérard Haddad, em *L'enfant illégitime* (Ed. DDB) sublinhou o trocadilho "Tu és Pedro (*even*) e sobre esta pedra eu edificarei a minha Igreja"; *even* (אבן), decompondo-se em *av* "pai" e *ben* "filho". No nosso *Disciples de Jésus*, tínhamos notado o trocadilho em "felizes" os "construtores" *bonim* da paz, eles serão chamados "filhos" "*banim* de Deus".

aos patriarcas, mas cada um foi recusado, até oferecer os filhos (*banim*), então o Santo, bendito seja Ele, deu-lhes a Torá". (*Cant. Rabba* 1,3)

Os que falam hebraico notarão que ouvir a linguagem bíblica oferece um interessante trocadilho entre *A*vraham "pai de uma multidão", *avanim* "pedras" (sing. *even*) e *banim* "crianças".[33]

Quem são estas *pedras* designadas pelo Batista? Os pecadores que voltam para Deus com um coração sincero; talvez os idólatras, filhos (*banim*) das nações, que poderiam ocupar o lugar de Israel (através da aceitação do messianismo de Jesus).

Será que a sombra de *Verus Israel* já paira em introdução de Mateus, sem que o fariseu pudesse ter aberto a boca em sua defesa? No entanto, as graças de Deus e seu chamamento não são sem arrependimento (Rm 11,29)?

É, no entanto, verdade que, do ponto de vista da Torá, o nome "Israel" traduz mais um título de nobreza a ser conquistado do que uma identidade nacional inata (Gn 32,29).

Mas não concluamos precipitadamente, e continuemos nossa escrita, caminhando, desta vez, com o próprio Jesus.

3.2 Jesus e a Remissão dos Pecados

Para responder à pergunta anterior, vamos rever os principais pontos de discórdia entre os fariseus e Jesus. Existe incompatibilidade total entre as duas abordagens, ou então os ensinamentos de Jesus, mesmo os mais ousados (a remissão dos pecados), permanecem coerentes com a fé de Israel, transmitida pelos fariseus?

Os sinóticos (Mt 9,1-8; Mc 2,1-12 e Lc 5,17-26) relatam a cura de um paralítico em Cafarnaum (aldeia de Naum). Aqui, Jesus, rodeado por uma grande multidão (elemento recorrente nas narrações prodigiosas), não pode receber o doente senão pelo telhado. Uma vez que o telhado é colocado diante de seu curador, Jesus lhe declara: "meu filho, teus pecados estão perdoados".

A concepção farisaica, compartilhada por Jesus, postula que toda doença está ligada a uma falha (quadro psicossomático): removendo a

---

[33] Século I EC. Apelidado de "o último fazedor de milagres em Israel". Ele é conhecido por sua piedade, altruísmo e o poder milagroso de sua oração. Até seu burro respeitava o Shabbat.

culpa - seja pelo arrependimento ou pela graça do perdão - a doença desaparece (o que não exclui a solução médica). Corpo e alma permanecem assim ligados, segundo Sl 104,3: "É Ele quem perdoa todas as tuas culpas (espirituais), cura todos os teus sofrimentos (físicos)".

Encontramos essa mesma concepção no Talmud (TB *Berakhot* 33a):

> Em um lugar havia uma serpente que matava aqueles que se aproximaram dela. Foi dito ao R. Hanina ben Dossa.[34] 'Mostrai-me o lugar', disse ele. Foi mostrado. Ele pôs o pé no buraco, a cobra saiu para morder, mas morreu. Hanina a pôs no ombro e a trouxe para sua escola. Disse ele: 'Vede, meus filhos, não é a serpente que mata, mas o pecado'. Os discípulos gritaram: 'Ai do homem que é mordido pela serpente, mas ai da serpente que conhece R. Hanina'.

Cada um dos evangelistas, na sua própria língua, descreve a atitude acusadora dos fariseus que consideram as palavras de Jesus - não o seu gesto - blasfemo, uma vez que se arroga o direito de perdoar, que continua a ser uma prerrogativa unicamente divina.

Se isto é o que ele disse, então os fariseus desviam-se de sua ira, porque Jesus usa a forma passiva "teus pecados são perdoados", e não a forma ativa "eu *te perdoo* teus pecados".

Na visão do perdão de Isaías 6,7, o serafim enviado por Deus usa uma fórmula semelhante: "seu pecado está perdoado (*tekhupar*, forma *pual*)". Esta afirmação frequente na boca de Jesus[35] significa que ele se apresenta como um portador de bênção divina, como o sacerdote que realiza no Templo os ritos de remissão (por exemplo, Lv 15).

Certamente, o resto da declaração, em Mt e Lc, "para que fiqueis sabendo que o Filho do Homem tem autoridade para perdoar os pecados na terra" pode ser problemático. Em nossa opinião duas respostas são possíveis. A frase "para que" é uma nota dos evangelistas afim de provar ao leitor a veracidade do fato, a "fim de que se cumpra"; ou Jesus declara que o perdão tendo sido *declarado no céu*, pode ser confirmado *na terra*.

A *halakhá* não diz outra coisa em sua língua. Ouçamos Maimônides (Leis sobre *Arrependimento,* cap. 6):

---
[34] Em Lc 7,47-48 ou Mc 3,28.
[35] Jesus às vezes se esconde, para não levar a mínima honra que pertence somente a Deus (Jo 5,13).

E um homem (não um judeu) que se arrepende não deve se considerar mais distante do justo por causa de suas faltas e pecados cometidos; de modo algum! Porque ele continua amado e precioso diante do Criador, como se ele nunca tivesse errado. Além disso, sua recompensa será maior, pois ele já provou a culpa, e se separou dela controlando seu impulso. E nossos sábios disseram que onde estão os arrependidos, incluindo os perfeitamente justos, não podem ficar em pé, porque os primeiros tinham que mostrar um grande domínio de si mesmos.

Acrescentemos que no relato do Evangelho, o curado e a multidão não louvam Jesus (Lc 5,25-26),[36] mas o Eterno que deu poder aos "homens" para realizar tais maravilhas (Mt 9,8). Pode-se fazer um paralelo com a bênção de Arão (Nm 6,23-27):

> O Senhor disse a Moisés: 'Fala a Arão e a seus filhos: assim abençoareis os filhos de Israel, dizei-lhes: Que o Eterno te abençoe e te proteja! Que o Eterno faça brilhar sua face sobre ti e te conceda Sua graça! Que o Senhor volte para ti Sua face e te dê a paz! Eles colocarão meu nome sobre os filhos de Israel, e *Eu os abençoarei*'.

No sentido literal, os sacerdotes realizam o rito de bênção, mas, no final, só Deus abençoa os filhos de Israel. O sacerdote, o curador, o exorcista, o rabino, exercem, cada um, o papel de emissário do céu para trazer sobre a terra o perdão, a cura e quietude.

Conclusão: em nenhum momento, Jesus se arroga o título de expiador,[37] mas permanece humilde servo do Mestre de bênçãos e perdão, *nosso Pai nos Céus*.

3.2.1 Jesus e o Shabbat

Jesus aboliu o Shabbat? Apaga ele a quarta palavra do Decálogo mencionada duas vezes na Torá (Ex 20; Dt 5) e frequentemente lembrada pelos profetas (Is 58,13; Jr 17,24)?

---

[36] Em Mt 16,19; 18,18; Jo 20,20, Jesus transmite o poder de ligar, de desligar, de remeter ou de reter os pecados. Pessoalmente, não compreendo por que ligar ou reter os pecados, a vocação do amor só pode ser expansiva segundo Jesus. Talvez uma glosa tardia?

[37] Como o arco-íris ou circuncisão.

O Shabbat vai além do rito, é um "sinal", é uma "aliança".[38] Ele testemunha que o mundo procede de Criador único. Se suprimirmos o Shabbat, sem manter o menor vestígio de seu valor,[39] como significar "esta memória de a obra do Princípio" (*zikaron lemaassê bereshit*). Que no domingo, para a fé cristã, refere-se à ressurreição, seja ela! Mas por que não marcar com um gesto simbólico, através de uma oração ou de uma leitura do ato do Criador, Sua contenção (Gn 2,1-3; Ex 16,29 sobre o maná)?[40]

Não, Jesus nunca aboliu o Shabbat, a cessação do Pai! E a análise de duas histórias mostrará: aquela da colheita de espigas de trigo e aquela de um inválido.

> Num Shabbat, Jesus atravessava um campo de trigo. Seus discípulos, (tendo fome), colhiam espigas e, após tê-las esfregado em suas mãos, comeram os grãos. Alguns fariseus[41] disseram: 'Por que fazeis o que é proibido no Shabbat?' Jesus tomou a palavra e disse-lhes: 'Não lestes o que Davi fez quando ele e seus companheiros estavam com fome (1Sm 22)? Ele entrou no santuário de Deus, tomou os pães colocados diante de Deus e os comeu, depois deu aos seus homens, enquanto apenas os sacerdotes tinham o direito de comê-los. Pois maior do que o Templo está aqui! Se soubésseis *É a bondade que eu quero e não os sacrifícios* (Os 6,6), Vós não condenaríeis inocentes'. Acrescentou: 'O filho do homem é senhor do Shabbat'. (Mt. 12,1-8; Lc 6,1-5; Mc 2,23-28)

Analisemos cada detalhe. Estamos aqui num Shabbat.[42] Quais são seus imperativos de acordo com a Torá? No Decálogo diz:

> Seis dias trabalharás (*avodá*) e farás todo teu trabalho (*melakhá*), e o sétimo dia será para o Eterno teu Deus, não farás nenhum trabalho nem tu (marido,

---

[38] Mesmo os judeus menos praticantes marcam a entrada do Shabbat com o *kidush*; e em Israel, tanto os leigos como religiosos desejam um ao outro *Shabat Shalom*.
[39] Conheço cristãos que não querem responder aos e-mails aos domingos, porque é o "dia do Senhor", e isso toca-me. Observemos que a ressurreição ocorre num Domingo para oferecer ao Shabbat (sábado) este tempo de reconstrução, de renascimento. De acordo com o Midrash Pessikta, até a Gehenna descansa no Shabbat.
[40] Mc 6,2: "alguns fariseus".
[41] De acordo com Mc 6, estamos ainda no segundo Shabbat depois da Páscoa, quando as espigas de cevada já estão maduras.
[42] Teu deleite será apenas no Eterno, e não nos teus interesses.

mulher) nem teu filho, nem tua filha, nem teu servo (*eved*), nem tua serva (*ama*), nem teu animal, nem o estrangeiro que é dentro de tuas portas.

A Torá distingue *avodá*, "trabalho" de transformação da matéria, envolvendo esforço físico, esta *avodá* mencionada desde o jardim do Éden, antes do pecado (Gn 2,5.15). O sujeito do verbo "trabalhar" (*avod*) será sempre o homem, nunca Deus que não trabalha, mas quem opera ou age (Gn 2,2).

Observemos que o hebraico distingue o *eved* "servo", reconhecido por sua força física, que ajuda o esforço físico do dono da casa, da "criada" *ama*, termo que se refere a "uma mão ativa" e que deriva da raiz: *em*, isto é, "mãe". A criada? Uma segunda mãe no lar. Por respeito à mulher, a Torá não pode exigir o mesmo esforço que o servo, daí os dois termos.

Assim, os seis dias de trabalho constituem globalmente o trabalho humano. Mas o homem termina todo o seu trabalho em seis dias? Há ainda muito que fazer? E Rashi (Ex 20,8) nos relata o Midrash que ensina: "Quando o Shabbat chega, considera como se todo o teu trabalho fosse completado".

Grande ideia de sabedoria bíblica: vive tua vida por ciclo: um dia, do nascer ao pôr do sol; uma semana; um ano; um ciclo de 6 anos; um jubileu de 50 anos, e depois? Como disse o Rabino Nahman de Braslav: "depois de (*a'har*) é realmente outro (*a'her*) mundo", ou Jesus na sua língua: "não vos preocupeis com o amanhã" (Mt 6,34).

Notemos que a Torá proíbe a realização de uma *melakhá*, uma obra em sua visão global, econômica, a fim de deixar espaço para um trabalho exato (*avodá*) para as necessidades de sobrevivência, bem-estar ou prazer de acordo com a palavra de Isaías (58,13-14).

Não é isto, precisamente o que diz o profeta?

Se te reténs teu pé (teu hábito) no Shabbat para satisfazer os teus desejos (negócios) nesse dia que é consagrado a Mim, e chamar o Shabbat um 'deleite' (*oneg*) para santificar o Senhor, um honrado dia, e honrá-lo não fazendo tuas viagens e não dizendo uma palavra (profana), então tu vais te deliciar[43] com o Senhor. E farei te conduzir às alturas da terra e

---

[43] Atribuído a Yonathan ben Uziel, discípulo de Hillel (contemporâneo de Jesus?), a sua compilação final data do século VIII EC, após a conquista mulçumana, porque ele cita a mulher de Ismael, Fátima.

te alimentar com a herança de teu antepassado Jacó. Porque a boca do Eterno falou.

Mesmo estado de espírito que a Torá: afastar-se no Shabbat de seus *negócios*, de seus interesses, suas viagens profissionais, dos trabalhos de seis dias; e até mesmo evitar palavras profanas ligadas à atividade econômica. Tudo isso estava começando a ser legislado na época do segundo Templo, nada fixo, a tradição oral oferecendo a possibilidade de adaptação da Lei mosaica, conforme as circunstâncias (não cessaremos de repetir até hoje).

Vamos mais longe: a Torá estabelece claramente os trabalhos proibidos, ou permanece generalista e, portanto, aos juízes e sábios para estabelecer a jurisprudência? O texto menciona poucos: plantio e colheita (Ex 34,21), fogo (Ex 35,3), Isaías e Jeremias proibirão o comércio e as viagens, bem como o uso de palavras profanas.

Uma fonte antiga, o targum de Yonathan,[44] (tradução parafraseada da Torá), pode dar provas (relativa, pois posterior à Jesus).

Assim, lemos sobre o maná (Ex 16,29): "Considerai que o Senhor vos deu o Sábado, é porque Ele vos dá no sexto dia, a provisão de dois dias (Sexta-feira e Sábado). Que cada homem habite no seu lugar, que nenhum saia de sua habitação no sétimo dia".

O que significa ficar no seu lugar? Era necessário ficar trancado na sua tenda durante 24 horas? Não, e Abraham Ibn Ezra relata o significado literal: "permanecer no seu lugar significa não sair para recolher o maná, como alguns fizeram de acordo com o v. 28".

Ouçamos agora a extensão da leitura proposta pelo *targum Yonatan*: "E que cada um permaneça no seu lugar sem transportar qualquer objeto de uma habitação para outra, exceto para uma distância de 4 cúbitos (2 metros) e que ninguém saia de sua casa para além dos 2000 cúbitos (aprox. 1 km)".

Assim, na época do segundo Templo, este versículo do Êxodo foi extrapolado por proibir: 1º) o transporte de objetos do domínio público além de 2 metros; 2º) o deslocamento maior que um 1km além de sua casa (subúrbio sabático).

---
[44] Raphaël Drai, *Lecture de l'Evangile de Luc*. Ed. Hermann.

Por qual motivo? Transportar objetos podia significar deslocar instrumentos para o trabalho. Da mesma forma, se recomendássemos a caminhada do Shabbat, ultrapassando 1 km, era considerado como um grande deslocamento, que não convinha neste dia dedicado à oração, ao estudo e à vida familiar.

Será que Jesus (ou o evangelista) conhecia o subúrbio sabático? Certamente, e nós temos uma alusão a ela em Mt 24,20: "Orai para que vossa fuga não ocorra no inverno, nem no Shabbat"; esta última proposta significa que no dia da infelicidade você terá de fugir muito além deste subúrbio.

A tradição oral acabará por estabelecer 39 obras (Mishná *Shabbat* 7,2), número simbólico cujo valor numérico é "orvalho", *tal*. Então, ao não trabalhar no Shabbat, o orvalho de bênção recai sobre a comunidade.

A razão para o estabelecimento destas 39 obras foi justificada pelo paralelo com aquelas necessárias para a construção e funcionamento do Templo:

> Assim, em Ex 35,1-5, Moisés pede ao povo para construir o santuário, lembrando ao mesmo tempo a importância do Shabbat. O Shabbat do tempo ultrapassou o Shabbat do espaço.

Esta discrepância entre a Torá escrita e a chamada a Torá oral se explica, então, pelo conjunto de interpretações sucessivas de acordo com as escolas dos mestres. Acrescentemos que as interpretações nunca foram unânimes, uma escola agindo de acordo com uma regra permissiva, outra de acordo com uma regra restritiva, uma terceira intermediária, etc.

O Talmud Babilônico nunca apresenta uma única opinião, mas relata discussões; isto só mais tarde é que rabinos como o Maimônides, decidiram unificar o rito e harmonizar a vida judaica.

Então, na época de Jesus, existiam diferentes formas de interpretar a Torá, e nenhuma *halakhá* prevaleceu. Com base na seguinte passagem (TB *Haguigá* 3b), poderíamos dizer satisfeitos que a *halakhá* não foi petrificada.

> Qual é o significado de (Ecl 12,11): **'As palavras dos sábios são como ferrões [os provérbios] dos mestres das assembleias, como pregos**

bem fixados: tudo emana de um único e mesmo pastor'. Os mestres das assembleias são os estudiosos da Torá que se sentam em numerosos grupos e se envolvem no estudo. Eles debatem. Alguns tornam uma pessoa ou um objeto impuro e estes tornam-o puro; estes proíbem uma ação e estes permitem-na; estes invalidam um ato e estes validam-no. Uma pessoa pode dizer: Mas como posso estudar a Torah quando ela contém opiniões diferentes? Assim, o versículo acrescenta: 'tudo foi dado por um só pastor'. Deus deu-lhes um líder (Moisés), que expressou os ensinamentos da boca do Mestre de todas as ações, bendito seja Ele, como está escrito: 'E Deus pronunciou **todas** estas palavras'. (Êxodo 20,1)

Poderia haver maior elogio da discussão e da contradição? Com base no versículo do Êxodo, que inaugura o Decálogo, o Talmud deduz que Deus deu toda a Torá (escrita) com todas as interpretações (orais) contraditórias. Rejeição de um único pensamento, e impossibilidade de criticar a outra escola que lê e pratica a Torá de forma diferente, porque tudo isso (o conjunto de possíveis interpretações) foi dado por Deus, através de Moisés, então refletido em "70 faces".

Este estado de espírito, que parece não ser conhecido pelos fariseus do Evangelho (que provoca a *dobra polêmica*),[45] parece-nos ser importante para a relação entre Jesus e a lei judaica, e aqui o Shabbat.

Suponhamos que a narração se passa no subúrbio sabático. Aqui o nosso grupo atravessa um campo de cevada, o que não viola o Shabbat de acordo com a Torá. Os discípulos estão com fome, arrancam as espigas de milho, esfregam grão em grão para comer. Antes de falarmos em violação contra o Shabbat, perguntemo-nos se não há uma violação contra ao 8º mandamento do Decálogo "não roubarás". Por que é que Jesus não os repreende sobre este ponto? Porque ele conhece o versículo em Deuteronômio (23,26): "Se, entrares no trigal de teu próximo, poderás colher espigas com tua mão, mas não poderás cortá-los com uma foice".

A Torá permite a livre utilização de um campo (ou vinha) - mesmo que o justo (neste caso, Jesus) recuse esta concessão. Jesus recusa esta concessão - desde que a ferramenta não transforme o gesto da colheita, em trabalho econômico, em *melakhá*.

---

[45] De acordo com Mishná *Maassêr* 4,5, não há nenhuma violação do Shabbat desde que seja para satisfazer a fome.

Sem roubo, tudo bem! Mas permanece a questão farisaica: arrancando as espigas, o Shabbat é transgredido, uma vez que é proibido colher de acordo com Ex 34,21.

Poderíamos responder em defesa dos discípulos que aqui não se trata de uma colheita, uma vez que a foice não foi utilizada. Portanto, não (houve) traição do Shabbat! Que depois os fariseus proibiram este gesto de arrancar de medo de chegar a uma verdadeira colheita (o que é chamado de barreira para a Torá), isto não significa que tenha existido, toraicamente, uma falta religiosa. Especialmente porque eles arrancaram espiga por espiga para comer diretamente.[46]

Os fariseus querem ser esclarecidos no que diz respeito ao Shabbat. Neste momento, observemos, objetivamente, a ausência de acusação ou agressividade.

A Mishná traz frequentemente este tipo de interrogação que deseja abertura e não condenação. Assim, os discípulos de Rabban Gamaliel[47] surpreendem-se que na noite do seu casamento, o seu mestre se juntou a eles para recitar o *Shemá Israel* (proclamação da unidade de Deus); e o mestre responde: "Não posso recusar um único dia do jugo do Reino dos Céus" (*Berakho*t 5,2). Agora Jesus irá argumentar.

1º argumento: Raciocínio por analogia (*guezerá shavá*), com referência à fuga de Davi do rei Saul e refugiando-se com os sacerdotes de Nob.

Embora a Torá proíba o pão dos sacerdotes aos leigos (Lv 24,5-9), a lei pode ser adaptada de acordo às circunstâncias. Jesus afirma um princípio que pode ser qualificado como *halákhico*: as proibições da Torá podem ser suspensas por uma causa humana suficiente, fome, doença.[48]

2º argumento: "O maior do que o Templo está aqui", reforçado por "o filho do Homem é senhor do Shabbat". O evangelista e a fé cristã ouviram: Jesus maior do que a Lei, Jesus maior do que o Templo. Assim seja! A leitura judaica afirmará diferentemente que todo (filho de) homem, por ser humano, criado à imagem de Deus, está acima do Templo na hierarquia de valores.

---

[46] O mestre de Saulo – Paulo.
[47] Encontramos um midrash que está de acordo com o ensinamento de Jesus: "Aquele que é perseguido pode transgredir o Shabbat como aprendemos com David (1Sm 19,10)", Midrash *Tanhumá*.
[48] Os trabalhos de construção do Templo foram suspensos no Shabbat.

Na verdade, Jesus propõe aqui a regra da transitividade Se A > B e se B > C => A > C. Se o Shabbat (Templo do tempo) for maior do que o Templo (do espaço),[49] e o Homem maior do que o Shabbat,[50] então o Homem é maior do que o Templo.

Acrescentemos que não há nenhum versículo bíblico que apresentaria um messias que recusasse ou rejeitasse a Lei. O Messias, "filho do Homem" continuará a ser tanto um "filho da Torá" (*ben Torah*), o que Jesus sem dúvida foi.

O religioso é o fundamento da ética, mas não a pode dominar. Idealmente, estes dois valores apoiam-se, como as duas Tábuas de pedra, que carregam em uma, os mandamentos em relação a Deus, e na outra, os mandamentos para o próximo. Acrescentemos que se, de acordo com Hillel, Jesus ou Rabi Akiba, o propósito da Torá é expresso em "Amarás teu próximo como a ti mesmo", depois todas as concessões religiosas tornam-se possíveis. O fundamentalista pensará exatamente o contrário!

3º argumento: O profeta Oséias (6,6) vem em socorro com o seu maravilhoso versículo, sempre atual: "pois é a bondade (*hessed*) que desejo, e não o sacrifício (o conhecimento do Eterno aos holocaustos)", que é a base para a recusa da agressão verbal, e inclusive a agressão física pelo não cumprimento de uma regra religiosa ou mesmo dogmática que continua a ser um assunto entre o homem e Deus.

Em defesa dos discípulos, acrescentaríamos um argumento do rabi Akiba, que viveu um século mais tarde, e que declarou: "Faça do seu Shabbat um dia profano em vez de perturbar as criaturas" (TB *Shabbat* 18a). De fato, os discípulos deveriam se encontrar numa situação de isolamento, e em vez de impor a sua presença numa casa, eles resolveram a questão da alimentação por este gesto autônomo.

Se os fariseus tivessem sido neste caso, pessoas de coração acolhedor, em vez de criticar, teriam convidado este grupo a uma refeição de Shabbat.

---

[49] "O rabino Yonatan ben Yosef ensina: 'O Shabbat foi dado a vós (o homem), não vós (o homem) ao Shabbat'" (TB *Yoma* 85 b).
[50] O homem possesso (Mc 1,21-28 e sin.); a sogra de Simão/Pedro (Mc 1,29-34 e sin.); o homem da mão atrofiada (Mc 3,1-6 e sin.); o paralítico de Betesda (Jo 5,1-18; 7,22); o cego de nascença (Jo 9,1-41); a mulher curvada (Lc 13,10-17); o hidrópico (Lc 14,1-4.).

O que concluir? Jesus, mestre do Shabbat, é também seu guardião (*shomer Shabbat*), mas com a flexibilidade que o caracteriza. Antes de qualquer coisa, preservando a tradição escrita, à maneira saduceia ou samaritana, e acrescentando-lhe as interpretações da tradição oral, desde que a prática permaneça subordinada à ética, de acordo com o ensinamento do profeta Oseias, oito séculos antes Jesus.

Segundo episódio:

> Num outro sábado, Jesus entrou na sinagoga e se pôs a ensinar. Estava lá um homem que tinha a mão direita atrofiada. Os especialistas da Lei e os fariseus o observavam atentamente para ver se ele ia curar no dia de Sábado: a fim de terem de que acusá-lo. Mas Jesus, conhecendo seus pensamentos, disse ao homem cuja mão direita estava paralisada: 'Levanta-te e fica de pé aí no meio'. O homem levantou-se e pôs-se de pé. Depois Jesus disse aos outros: 'Tenho uma pergunta para vos fazer: É permitido no dia de Shabbat fazer o bem ou fazer o mal? É permitido salvar uma vida ou deve ser permitido perecer?' Então ele olhou à volta da sala, e então disse ao homem: 'Estende tua mão!' E ele fê-lo. E a sua mão foi curada. Os especialistas da Lei e os fariseus ficaram cheios de fúria e começaram a discutir entre si sobre o que poderiam fazer contra Jesus. (Lc 6,6-11; Mc 3,1; Mt 12,9-14)

Este é um dos sete casos de cura no Shabbat.[51] Tomemo-lo como um arquétipo.

Observemos atentamente: 1) Estes fariseus comovem-se mais sobre as curas do que sobre os milagres. 2) Jesus nunca quer provar por um milagre. Isto ainda é coerente com a fé do dos rabinos que refutavam o milagre como argumento.

Se conhecêssemos a atmosfera da época do Templo, e mesmo após a sua destruição, são frequentemente citados os taumaturgos, os exorcistas, os mestres de milagres (*baalê nissim*), mesmo em Flávio Josefo. O tema continuará, portanto, a cura no Shabbat.

À pergunta dos fariseus, Jesus responde (a tradição judaica obriga) com uma pergunta! Atenção! Jesus pergunta claramente: se é permitido "fazer o bem" e não "se fazer" o bem. O Shabbat não é oferecido para

---

[51] Por exemplo, o TB *Baba Metsia* 59b cita que Rabbi Eliezer realizou milagres para provar estas alegações, mas todos foram recusados, "pois não apresenta provas de milagres".

hedonismo individualista, mas para o *oneg* desse gozo do corpo e da alma (o ser completo), para si e *aos outros* perante o Eterno.

As concepções tardias contra o corpo e a carne em alguns Padres da Igreja, e mesmo em Paulo, não podem apoiar-se nos Sinóticos. Nenhuma dicotomia em Jesus entre o céu e terra, mas uma visão monoteísta unitária.

Pode-se, portanto, curar no Shabbat, dar medicamentos, intervir numa operação? Uma questão lícita que desafia todas as consciências religiosas e morais. Em outras palavras, podemos pensar que a Torá, a palavra de Deus, impõe restrições ao nosso bem-estar, à nossa saúde? Esta saúde, *beriut* em hebraico, não faz parte do plano de criação, *beriá*? E como disse Maimônides: "Como pode o homem servir a Deus quando está doente?"

Será respondido, no entanto, que a lei mosaica multiplica as proibições. Certamente, mas com um único controle do impulso, o controle do mundo de uma forma totalitária. É assim que se entende o duplo mandamento da origem de Adão: "Comerás de tudo (princípio do gozo), mas tu não comerás da árvore do conhecimento do bem e do mal (princípio da responsabilidade)". Como mostra o psicanalista Moussa Nabati em *Ces interdits qui libèrent l'homme* (*Estas proibições que liberam o homem*) "A proibição contém um significado simbólico oculto, incentivando o indivíduo a se diferenciar, a voltar-se em si, a uma boa distância da pulsão, do ideal de seus pais ou normas sociais".

No entanto, aqui, trata-se de uma cura, um ato que faz parte do *tikun olam*, a reparação do mundo na continuidade da obra do Princípio divino. Para Jesus, curar um doente, um ferido, um deficiente fazem parte do que Isaías chamou de *oneg* chamado "gozo, prazer".

O Livro cabalista da Criação ou formação (*sefer Yetsirá* II, 4) afirma: "O maior bem (*tov*) no alto é o deleite (*oneg*); o maior mal (*rá*) abaixo é a ferida (*negá*)".

Desde a confusão do bem e do mal, Deus convida a escolher o *tov*, o bem, a vida, a bênção contra o *rá,* o mal. Observemos que a palavra *oneg* (ענג) é a permutação de *negá* (נגע). Agora o que faz Jesus no Shabbat como também durante a semana? Ele cura, exorciza, liberta do sofrimento, trabalha na direção do bem, do *tov* contra o *rá,* suprimindo o *negá* para colocar o *oneg*.

Este é o estado de espírito de Jesus: trazer o conforto moral, psicológico e físico, mostrando um caminho a seguir. Quantos judeus na história escolheram serem médicos, psicanalistas, ou até rabinos?

No final desta história, como muitas vezes nos Evangelhos, os fariseus criam sua vingança, como se uma discussão religiosa se assemelhasse a uma luta. Atitude curiosa, quando conhecemos certos textos "farisaicos" que afirmam, por exemplo:

> Qualquer discussão (*makhloket*) em nome dos Céus (Deus) continuará,[52] mas qualquer discussão que não vise o nome de dos Céus, não se manterá de pé. Qual é o tipo de discussão em nome dos céus? Aquela entre Hillel e Shamai; e aquela que não visa os Céus: o desentendimento de Coré e de toda a sua assembleia (contra Moisés); Números 16. (*Avot* 5,17)

E aqui está o que encontramos sobre as Escolas de Hillel e Shamai, no **TB *Eruvin* 13b**:

> Disse o Rabbi Abba em nome de Shmuel: 'Durante três anos Beit Shamai e Beit Hillel estiveram em debate'. Estes disseram: 'A halakhá segue a nossa opinião, e aqueles diziam ao mesmo'. Uma voz divina proclamou: 'Estas e aquelas são palavras do Deus vivo, mas o halakhá seguirá Beit Hillel'. A Gemara pergunta: 'Uma vez que estas e aquelas são palavras do Deus vivo, por que privilegiar os discípulos de Hillel?' Porque eles eram humildes e indulgentes, mostrando moderação perante a ofensa; e quando ensinavam, citavam tanto a sua opinião como a da Escola de Shamai. Além disso, davam prioridade às opiniões da Beit Shamai antes das suas próprias, por respeito a Beit Shamai. (TB *Eruvin* 13b)

Se os fariseus do Evangelho parecem estar longe desta sabedoria do debate democrático, constatamos também que as violações do Shabbat pela Escola de Jesus permanecem mínimas, segundo a Torá. Nada de ignição ou acendimento do fogo, de trabalhos de construção ou de atos comerciais; mas trivialidades que revelam acima de tudo o princípio: "Tu escolherás vida" (Dt 30,19).

---

[52] Este foi o argumento do Rabban Gamaliel em At 5,38.

3.2.2 Jesus, o puro e o impuro

Juntamente com o Shabbat, o estudo e a oração, as leis alimentares chamadas *kasherut* constituem as invariantes fundamentais da vida judaica desde a Antiguidade. O debate sobre o puro e o impuro não podia, portanto, faltar nos Evangelhos.

> Então apresentaram-se a Jesus alguns escribas e fariseus de Jerusalém e lhe disseram: 'Por que teus discípulos seguem a tradição dos antigos? Não lavam as mãos antes das refeições'. Ele respondeu-lhes: 'E vós, por que desobedeceis aos mandamentos de Deus em nome de vossa tradição? Pois Deus disse: Honra teu pai e tua mãe; e ainda: Quem amaldiçoar pai ou mãe merece a morte! Mas vós ensinais: Todo aquele disser ao seu pai ou a sua mãe: Os bens com que poderia vos assistir, eu os oferto a Deus (*corban*), não é obrigado de honrar pai e mãe! Assim anulais a palavra de Deus em nome de vossa tradição. Hipócritas, tinha razão Isaías quando profetizou a vosso respeito, dizendo: Este povo me honra com os lábios, mas seu coração está longe de mim. Vão é o culto que me prestam, pois o que ensinam não passa de preceitos humanos'. Depois chamou a multidão para perto de si e disse: 'Escutai e compreendei. Não é o que entra pela boca que torna o homem impuro, mas aquilo que sai de sua boca é o que torna o homem impuro'.
> Aproximaram-se, então, os discípulos e disseram-lhe: 'Sabes que os fariseus ficaram escandalizados com tuas palavras?' Jesus respondeu-lhes: 'Toda planta que não foi plantada por meu Pai celeste será arrancada. Deixai-os: são cegos guiando cegos; ora, se um cego guia outro cego, caem ambos no buraco'.
> Pedro, tomando a palavra, disse-lhe: 'Explica-nos esta parábola'. E Jesus disse: 'Também vós ainda não compreendeis? Não entendeis que tudo o que entra pela boca vai para o estômago e depois é lançado na fossa? Mas o que sai da boca vem do coração, e é isso que torna o homem impuro. Pois é do coração que vêm os maus pensamentos, os homicídios os adultérios, e outras coisas imorais como furtos, falsos testemunhos, blasfêmias. Isso, sim, é que torna o homem impuro; mas comer sem lavar as mãos, não torna o homem impuro'. (Mt 15,1-11; Mc 7,1-16)

Em Marcos, o último versículo referindo-se às abluções não aparece. Lembremos que Mateus, dirigindo-se aos judeu-cristãos, refere-se à lavagem das mãos, mas a audiência de Marcos não ouve este rito.

Aqui, esta narrativa revela outra tensão entre fariseus e Jesus. Ponto de ruptura com o Judaísmo, ou debate interno sobre modalidades legais?

Fariseus e escribas perguntam a Jesus o motivo da negligência, por parte de seus discípulos,[53] da "ablução das mãos (*netilat yadaim*)". Debate interno então. O debate, portanto, não diz respeito às leis alimentares (*kasherut*), mas sobre um rito de preparação para consumo.

Notemos que esses fariseus não condenam, eles querem aprender. Em todas as gerações, até os dias de hoje, um fiel ou uma comunidade questiona uma autoridade sobre este ou aquele assunto do rito. Existem milhares de *responsa* identificadas.

De acordo com *uma interpretação fariseana* o fiel realiza abluções antes de fazer uma refeição com pão; uma maneira de se preparar para comer diante de Deus.[54] A razão para essa prática se justifica tanto pela higiene quanto pela imitação das leis de purificação no Templo.

Para o Judaísmo, a casa é uma extensão do Templo, tal como o Templo se estende à casa. Com efeito, durante o tempo da Páscoa (*Pessah*), os hebreus tiveram que permanecer em sua casa para adorarem ao Eterno (Ex 12,3-22).

A irmã Joana d'Arc, comentadora dos evangelhos, vê isto *como uma obsessão*! É mais obsessivo do que mergulhar sua mão na água benta ao entrar em uma igreja? Não será isto uma maneira de se apresentar diante de Deus, aqui enquanto comemos, e lá enquanto rezamos? Aqui e lá, o gesto devia traduzir a fé (tão querida a Jesus), não um gesto reflexo. Como Jesus responde?

De acordo com a piada de que a toda pergunta, um judeu responde com outra pergunta, Jesus desloca o questionamento, com base na interpretação fariseana.

Antes de falar de *halakhá*, apresentemos a *meta- halakhá* (Y. Leibowitz)[55] que sublinha o espírito da lei. Para Jesus, o fundamento do

---

[53] "Discípulos", não Jesus. Em algumas comunidades tradicionais, ainda hoje, apenas o rabino (delegado do grupo, *shalia'h tsibur*) lava suas mãos antes da refeição, seu gesto absolvendo a comunidade. Em Ulis, sempre agimos assim.
[54] Ez 41,22.
[55] Em *Israël et judaïsme*. Ed. DDB (1996), Y. Leibowitz considera o status da mulher como um princípio *meta-halákhico*, ou seja, postulamos, antes da halakhá, a igualdade "homem-mulher"? Face a um jovem casal que retorna ao Judaísmo, ele aconselha a não frequentar certas

rito deve permanecer coerente com as *mitzvot*, incluindo aqui o respeito pelos pais, de acordo com a Torá (Ex 20,12; Dt 5,16; Ex 21,17; Pr 20,20).

Assim Jesus reforça a autoridade desta Torá (até último iota), de origem divina (o Pai), que constitui sua regra de vida. *Quid* então da tradição (ou Torá) Oral? Por isso o Talmud afirmará: "As palavras dos escribas são mais preciosas do que as palavras de a Torá... mais importantes as *palavras dos Antigos,* que as palavras dos profetas" (TB *Berakhot* 3b). Jesus intervém para estabelecer o quadro normativo.

Se a interpretação parece necessária face as contradições do texto, ou para oferecer uma nova juventude (*hiddush*) – o que faz Jesus em seu *Sermão* - ele adverte contra exegeses que ponham em causa a dignidade humana (aqui a dos pais). Mensagem sempre atual!

Acrescentemos que, naquela época, nenhum ritual era fixo, e alguns rabinos não praticavam abluções.[56] A maioria dos judeus no mundo fazem o mesmo. Quantas vezes os fiéis me disseram: "Rabino, tento viver os 10 mandamentos, mas não consigo mais". Não é maravilhoso que 3000 anos depois, o Decálogo continua a alimentar a vida de muitos fiéis?

Contornando a questão da lavagem das mãos, Jesus se refere a uma interpretação escandalosa farisaica concernente a doação por voto de bens para o Templo, impedindo os pais de beneficiarem do mesmo. Talvez Jesus tenha ouvido alguns aposentados (?) lamentando sua triste condição?

O profeta Isaías é então chamado como testemunha de acusação contra esses fariseus que passam Deus (voto) diante do homem (pais), e a tradição oral antes da Torá. Aqui está a passagem inteira de acordo com a TM:

> Meu Senhor (Adonai), disse: 'porque que este povo (os judeanos) se aproxima (do Templo); com sua boca e seus lábios ele Me honra, mas seu coração está longe de Mim; e sua veneração por Mim é como um preceito de homem instruído'. [A partir deste fato, aumentarei as maravilhas para

---

instituições de ortopráxicas: "vós chegastes por seus próprios meios ao temor de Deus (*emuná*), vosso arrependimento não se aprofundará nestas instituições. Por outro lado, vosso universo mental e intelectual encolherá", p. 197. Jesus teria se juntado.

[56] "Rabi Eleazar ben Hanoch não praticava as abluções das mãos" (TB *Berakhot* 19a).

este povo, maravilha e maravilha: a sabedoria de seus sábios se perderá e o discernimento de sua inteligência desaparecerá].[57]

Surpresa! O contexto isaiano não evoca de forma alguma a tradição oral oposta à tradição escrita. Porque o modo interpretativo de tradição oral só aparecerá com Esdras, e especialmente após a helenização da Judeia, ou seja, três séculos depois de Isaías. Este trata do culto de Templo, ao qual ele não condena em si mesmo, mas que ele considera sem coração, demasiado rotineiro, "um comportamento aprendido dos homens", tema retomado por Jeremias e Ezequiel. A literalidade de versículo, portanto, não visa qualquer interpretação fariseana, mas um culto mecânico.

Dito isto, para compreender o debate, voltemos ao caráter vinculativo do voto (*neder*) de acordo com o Torá, (Nm 30,3): "Se um homem faz um voto ao Senhor, ou impõe a si mesmo, por juramento, alguma proibição a si próprio, ele não violará sua palavra; tudo o que saia de sua boca, ele a cumprirá". Lembramo-nos de que Jesus se opunha ao voto (Mt 5,34) na extensão da Torá (Dt 23,23).

Segundo o Evangelho citando uma prática farisaica, um filho anunciou a seus pais que ele os "deserdava" de bens que poderiam ser capazes de constituir sua aposentadoria em benefício do Templo, devia cumprir seu voto. Existe tal lei no Talmud? Digamos sem rodeios: não! Em primeiro lugar porque o versículo trata de uma proibição contra a sua pessoa, não contra outros; e porque o respeito pelos pais é um pilar da legislação de Israel, gravado nas tábuas de pedra (enquanto as leis relativas à pureza, aos votos ou aos sacrifícios não estão nelas mencionados).

Acrescentemos que tal "descaramento" (segundo TB *Nedarim* 64 b) é semelhante a uma maldição contra seus pais, condenada por Moisés (Ex 21,17).

A Tradução Ecumênica da Bíblia reconhece objetivamente que "esta prática foi alvo de fortes críticas no judaísmo antes de Jesus, tão forte era o sentimento de solidariedade familiar". Ela pode estar se referindo ao tratado sobre os Votos (*Nedarim* 3,2):

---

[57] Medida por medida: ao culto externo responderá uma ocultação da sabedoria e do discernimento. Apenas aqueles cuja veneração a Deus for sincera compreenderão os planos profundos do Céu.

Se um homem diz a respeito dos figos do seu pomar: estes são proibidos a qualquer consumidor, como um sacrifício (*corban*) a Deus, se seu pai, sua mãe ou seu irmão estão lá; A casa de Shamai disse: a família não é afetada pelo voto; a casa de Hillel diz: 'o voto é nulo (por causa de, seu exagero, porque a Torá permite se servir do campo do outro'. (Dt 23,25)[58]

Por outro lado, esta Mishná menciona o caso de um filho que, tendo doado seus bens ao Templo, *posteriormente,* faz a pergunta em relação aos seus pais. Ele teria agido por zelo religioso sem pensar nas consequências em longo prazo. Mas aqui, novamente, há a jurisprudência da desvinculação do voto (*hatarat neder*) que todo especialista em direito hebraico reconhece.

A legislação da Torá que permite a anulação do voto da filha/da esposa pelo pai/do marido, e conclui com "e o Senhor perdoará" (Nm 30,6) foi estendida a uma desvinculação generalizada por meio de um legista. Tudo, portanto, permaneceu possível para o os pais recuperassem sua dignidade e sua aposentadoria.

Mais tarde, a Mishná exporá (*Nedarim* 2,2): "Os votos não podem anular mandamentos da Torá". E (*Nedarim* 2,9): "Os Sábios concordam que se um voto envolve diretamente seu pai ou sua mãe, o sábio referir-se-á a seu respeito para desobrigar o voto".

A opinião de Jesus foi, finalmente, partilhada pela Tradição. E se fosse necessário acrescentar um elemento a este dossiê sobre o respeito filial, tão caro à ética fariseana, citemos este midrash, entre outros:

A honra ao pai e à mãe prevalece sobre a do Santo, bendito seja Ele, pois é dito (Pr 3,9): 'Honra ao Senhor com teus bens, com as primícias de tua colheita', a saber: a respiga, o feixe esquecido, o canto dos pobres (Lv 19,9-10), taxas e dízimos, caso contrário disse, se você possui uma terra, você deve; de outra forma não. Por outro lado, em relação ao pai e à mãe, diz-se (Ex 20,11; Dt 5,15): 'honra teu pai e tua mãe': se tu possuis bens ou não, tu deves honrá-los, mesmo se tu imploras de porta em porta. Da mesma forma: Grande é a honra devida ao pai e à mãe em comparação

---

[58] Os Manuscritos do mar Morto (Escritos de Damasco) mencionam: "Não se consagra a Deus os bens da família".

com a devido ao Santo, bendito seja Ele. Assim, o rabino Avira comentou o versículo (Sl 138,4): 'Todos os reis da terra, Eterno, te prestarão homenagem, depois de ouvir as palavras de tua boca'. No momento em que o Santo, bendito seja Ele, anunciou (Ex 20,1): 'Eu sou o Senhor vosso Deus, e não tereis outros deuses além de mim', as nações declararam: 'há apenas para Ele'. Quando elas ouviram 'honra teu pai e tua mãe' elas reconsideraram suas primeiras palavras [de acordo com TB *Sucá* 52 b]. (*Otsar Midrashim*. Cap. 9)

De todos estes textos, podemos ainda acusar o farisaísmo de irreverente para com os pais? Não podemos considerar historicamente que o tom agressivo vem de Mateus, e que Jesus debateu com os fariseus como um debate em uma casa de estudo?

Outra pergunta: não há uma contradição no próprio discurso de Jesus declarando (Mt 10,37): "Aquele que ama seu pai ou sua mãe mais do que a mim não é digno de mim?" Nós responderemos de acordo com a coerência da tradição judaica: no plano de caminho de vida, Jesus continua sendo o mestre – a tradição rabínica reconhece uma prioridade do mestre (*rav*) sobre o pai (*av*) - mas isso não pode pôr em causa a *mitsvá* do respeito filial.[59]

De posse de todos esses elementos, como podemos situar *o ataque* de Jesus? Para nós, visa as tendências mais rigorosas do Judaísmo (tendências que existem em qualquer religião), mas que não pode reduzir a religião apenas a essas escolas. Especialmente porque no tempo de Jesus, como dissemos, a *halakhá* é pouco elaborada.

De fato, o evangelista relata as tensões com os mais radicais (se essa opinião existisse), para sublinhar melhor a oposição entre a leitura da Torá de Jesus e a dos fariseus.

Daí a bofetada ríspida de "hipócrita" que, aos nossos olhos, é menos apropriada aqui do que no capítulo 23 (voltaremos a isso). "O que Deus não plantou, Ele a arrancará", e finalmente a moralidade da Torá (ética monoteísta) triunfará sobre as formas arcaicas que desvalorizam o ser humano em favor do rito.[60]

---

[59] Mishná *Baba Metsia* 2,11 e Mishná *Keritot* 6,9.
[60] Nossa teoria da leitura da Torá postula que as formas mais violentas da Torá constituem os arcaísmos da *psique* humana (incluindo Deus conforme a escritura). Todo o movimento da

Tendo argumentado contra esses fariseus (rigoristas), Jesus agora se volta para a multidão, adoradores da sinagoga, que praticam um Judaísmo sem excessos. Ele começa com: "Escutai e entendei". O que a fórmula significa para nós? Que Jesus pede para escutar a Torá (aqui as leis da *kashrut*), e compreendê-la à luz de sua chave de leitura. Já no Sinai, os filhos de Israel declararam à recepção da Torá: "faremos e escutaremos" (Ex 24,7). A prática dos mandamentos não exclui uma inteligência do texto, pelo contrário.

Esta é a chave da leitura: **"Não é o que entra pela boca que torna o homem impuro (*tamê*), mas o que sai da boca, isso é que torna o homem impuro"**.

A fórmula, no seu esplendor, parece soar sobre o capítulo 11 de Levítico, ou seja, a lista de animais puros e impuros (porco, camelo, peixe sem escamas, coruja, etc), talvez ela até permita o consumo do sangue (Dt 12,23). Após esta declaração, será que Jesus pediu um sanduíche com presunto? Tiago, irmão do Senhor, e um dos discípulos mais próximos, não o ouviu assim, pois foi quem primeiro se opôs à grande permissividade de Paulo (Atos 15).[61]

De fato, Jesus se situa sempre no plano da ética monoteísta. Se um judeu come *kasher*,[62] mas transgride os mandamentos morais - por desrespeito filial, desonestidade comercial ou agressão verbal ou física - que sentido religioso traduz essa piedade ritual? Os profetas já não tinham condenado o culto sacrificial pelas mesmas razões? A geração do dilúvio, embora vegetariana (a carne será lícita em Gn 9,3), não poderia escapar de sua autodestruição, por causa de sua violência.

Ouçamos este ensinamento na mesma linha:

Está escrito tu amarás o Eterno teu Deus (Dt 6,5). Abayé (IV século) interpreta: 'que o nome de Deus seja amado por ti'. Aquele que estuda, pratica, serve aos sábios, aquele que negocia com honestidade e paciência, as pessoas dizem dele: *felizes seu pai e seu mestre que lhe ensinaram o Torá*...;

---

escrita, a partir de Gênesis (primeiras faltas) até os últimos profetas, expressa o impulso vital da ética monoteísta que se liberta desta gangue agressiva em direção a uma visão pacificada de mundo, dos homens e da natureza (cf. Is 2,1-4).
[61] No Concílio de Jerusalém, sempre se proibiu consumo de sangue, mesmo para Paulo.
[62] A Torá usa os termos *puro* e *impuro*, mas o hebraico rabínico usará a palavra *kosher* que significa "válido, apropriado".

mas quem estuda, pratica, serve ao mestre, mas negocia desonestamente e é agressivo em seus relacionamentos, as pessoas dizem dele: *'infelizes seu pai e seu mestre que lhe ensinaram a Torá'* (TB *Yoma* 86a).

Mais uma vez Jesus repete que o religioso não pode ser separado da moralidade, e que a fé autêntica depende da nossa boa vontade (o coração) de agir bem diante de Deus. E claro, em nome do próprio monoteísmo: maior será uma pessoa que faz o bem ao seu próximo, come qualquer alimento, do que uma pessoa come *kosher*, *halal* ou observa a Quaresma, "escondendo-se daqueles que são sua própria carne"! (Is 58,7).

Que dizer então da *kashrut* para Israel? Ela constitui uma disciplina de vida para aprender a administrar sua alimentação do mundo, seu transbordamento de si mesmo, como Deus pediu a Adão no Jardim do Eden. **"Diga-me como tu comes e te direi como tu vives!"** Eis a lição que Jesus inculca à multidão, aos fariseus e aos discípulos maravilhados. Jesus não quer ser abolicionista, mas pedagogo da fé.

Este relato evangélico evoca um ensinamento convergente do Midrash (*Números Rabbá* cap. 19):

> Um idólatra perguntou a Rabban Yohanan:[63] 'vossos ritos de purificação parecem mágica; a impureza causada por um cadáver está lá, depois desaparece na água?' Ele lhe respondeu: 'Já vistes um homem possesso na sua vida?' – 'Sim!' 'E o que se faz com ele?' – 'Trazemos ervas que queimamos, depois jogamos água nele, e a fumaça produzida expulsa o espírito maligno'. – 'Faze ouvir aos teus ouvidos o que sai da tua boca', diz R. Yohanan, 'o mesmo se aplica ao espírito de impureza de acordo com o profeta Zacarias (13,2): Expulsarei os profetas (de mentira) e o espírito de impureza'.

Aqui Rabban Yohanan identifica a purificação a um exorcismo, mas em nome do Deus único; sem dúvida porque esta linguagem falava com um idólatra, enquanto lhe ensinava o monoteísmo.

Quando o homem saiu, seus discípulos lhe disseram: 'Ó nosso mestre, tu o repeliste com uma bengala, mas o que tu nos dizes?' Ele lhes disse: 'Por vos-

---

[63] Cerca de 70 EC.

sa vida, um morto não se torna impuro nem a água se purifica'. Mas Deus disse: 'Gravei uma regra, emiti um decreto, e vós não transgredireis o meu decreto, de acordo com o versículo: 'Este é o decreto da Torá'. (Nm 19,2)[64]

O paralelo com a lição mateana é bastante impressionante. Em outras palavras, as *mitsvot* só fazem sentido para quem aceitar o jugo da Torá, pelo amor de Deus, sem qualquer outra recompensa além da própria *mitzvá*; e na óbvia coerência de ética monoteísta.

Citemos este outro texto: R. Eleazar ben Azaria ensina: "O homem não dirá: 'Estou enojado de carne de porco ou não desejo usar *kelaim* [mistura de lã e linho]'; mas ele dirá: 'Eu quero, mas o que posso fazer, visto que meu Pai dos Céus assim decretou para mim?'" (*Yalkut Shimoni* sobre Lv 19)

Podemos prolongar isto dizendo que a *terra santa* não é santa; e que a areia de uma praia bretã vale a areia de Jerusalém, apenas a vontade de oferecer um culto ao Deus único em Jerusalém faz da cidade davídica uma cidade de santidade.

Eis porque o Jesus mateano deixou seus discípulos livres para praticar ou não as abluções, preferindo insistir na purificação interior. Se, apesar de tudo, tivéssemos que situar Jesus em relação a Marcos (que oculta o último versículo), então teríamos ali um *hiddush*, uma renovação de significado: "Vós que realizais ritos religiosos, principalmente relacionados à alimentação, *ouvi* e *entendei* que não é o que entra no homem, mas o que sai dele que o torna impuro". *Ouvi* a Torá e *compreendei*-a em sua coerência!

Releiamos o capítulo 11 de Levítico, colocando os óculos de estudo de Jesus! A Torá dá uma razão para a escolha de animais permitidos e proibidos? A única oferta encontra-se no final do parágrafo:

Não torneis impuro (*chekets*)[65] vosso povo (*nefesh*) por qualquer pululante que pulula (*cherets*),[66] não vos torneis impuros (*tamê*) por ele, e vós fi-

---

[64] TB *Yoma* 82 ensina que se uma mulher grávida anseia por carne de porco, deve ser-lhe dada até que ela seja apaziguada. As proibições nunca são, portanto, categóricas, mas de acordo com as circunstâncias.
[65] A palavra c*hekets*, de origem acadiana, corresponde ao hebraico *tamê,* e as duas palavras parecem aqui intercambiáveis. (cf. Dt 14).
[66] O termo aparece na obra do Princípio de Gn 1,20 "Produzam as águas abundantemente répteis de alma vivente". Em Ex 1,7: "e os filhos de Israel frutificaram, aumentaram e multiplicaram". Trocadilho entre *chekets* e *cherets*.

careis impuros. Porque sou o Eterno vosso Deus; vós vos *santificareis* e sereis *santos*, porque Eu sou *santo*, e não torneis impuro vosso povo por todo pululante que se move sobre a terra. Porque eu sou o Eterno, que vos fez subir da terra do Egito para ser vosso Deus;[67] e vós sereis *santos*, porque *santo* eu sou.

Como Jesus lê esta perícope? Em primeiro lugar, ele afirma que o objetivo final dos mandamentos (*taam hamitsvot*) é construir o homem moral, ou em suas palavras, rejeitar os maus pensamentos do coração: homicídio (mesmo em palavras), adultério (mesmo em pensamento), fornicação, roubo, falso testemunho, calúnia.[68] Observemos que Jesus propõe sempre uma leitura racional e literal do Torá (*peshat*), nunca uma leitura midráshica (*drash*) ou mística (*sod*).

Nisto ele permanece fiel aos profetas hebreus. Na verdade, sua concepção de homem corresponde à antropologia bíblica.

No plano moral, o ser humano (o Adão original, masculino e feminino) é criado incompleto pela santa vontade divina, que nunca justifica esta escolha.[69] A completude do ser humano constitui todo o significado da história individual e coletiva. Isto significa que todo ser humano permanece dividido entre seu egocentrismo natural (lado terreno, criado da terra, *adamá*) e seu altruísmo (lado luminoso da imagem divina, *tzelem Elohim*).[70]

Nenhuma condenação original, portanto, nenhum pecado essencial para esta criatura voluntariamente inacabada. Por isso, resta este constante desafio de escolher entre egocentrismo, o *mal* (que pode ser expresso até nas piores barbaridades) e o altruísmo, o *bem* (que pode alcançar as alturas do *ágape*). A Torá de Moisés expressa essa ideia do

---

[67] Compare com Lv 25,42: "porque são meus servos, que tirei do Egito".
[68] Cf. Código de Santidade Lv 19 e *Sermão da Montanha*.
[69] Na Bíblia, Deus só se justifica em relação à moralidade ridicularizada (Dilúvio, Sodoma, exílio de Israel), mas nunca justifica porque Ele criou o mundo em que vivemos, nem a presença do mal (a resposta de Deus a Jó). Os rabinos colocam-na desta forma: "por quê a primeira letra da Torá é Beth, (ב - de **B**ereshit), letra aberta na direção da leitura? Para que ninguém pergunte o que vinha antes, acima ou abaixo". Em outras palavras, o ser humano não possui nem instrumentos intelectuais nem imaginativos para compreender as intenções divinas.
[70] "Pois a inclinação do coração do homem é má desde a sua juventude" (Gn 8,21). NT: A Bíblia Chouraqui não deixa espaço para qualquer dúvida possível, pois usa o termo *glebeux* para Adão que foi criado da *glebe* (terra). Enquanto Eva foi criada da costela do homem.

início ao fim (Gn 2,14-16; 4,6; Dt 30,19-20), e Jesus aderiu totalmente a ela, considerando que a Lei mosaica e o espírito dos profetas ajudam a nossa libertação.

Agora, Jesus, um bom leitor da Torá se alguma vez houve um, distingue as *mitzvot* morais das *mitzvot* rituais, apelidados de *hukim*, "decretos".[71] O caso típico do decreto é mencionado em capítulo 19 de Números, assim inaugurado: "O Eterno (YHWH) disse a Moisés e Aarão: 'Este é um decreto da doutrina que o Eterno prescreveu: Os filhos de Israel tragam para ti uma vaca vermelha, perfeita, sem qualquer defeito, e que ainda não tenha sido submetida ao jugo'".

Esta vaca perfeita, após a execução, foi queimada, e suas cinzas aspergidas sobre o impuro e o tornaram puro. Purificação ou magia? Nenhuma ética evidente provém disso. Sobre este decreto, Rashi comenta:

> Este é o decreto da doutrina: porque Satanás e as nações questionam Israel dizendo: 'O que é este mandamento e qual é o seu motivo?', o texto usa o termo decreto, que significa: Este é um decreto emanando de Mim (Deus) que tu não precisas colocar em questão (de acordo com Midrash *Tanhumá*).

Satanás (não o mestre do Mal, o diabo, mas um anjo de Deus que prova o homem na sua confiança - *emuná* - em Deus), representa as dúvidas internas em Israel, quando o próprio judeu questiona sua própria prática religiosa.[72] Quanto às nações, não submetidas à tais práticas, eles questionam legitimamente:[73] por que as leis de pureza, circuncisão, *kasherut* ou coerção shabbáticas? Por que esses decretos?

A resposta geral relatada por Rashi traduz o vínculo especial que Israel estabelece com seu Deus: uma relação de fé e amor que transcende todas as razões lógicas. Qualquer que seja a mitzvá, da mais consistente à mais surpreendente, da mais social a mais ritualística, ele carrega, idealmente, cada um o vínculo de amor por Deus, segundo o chamado de Moisés (Dt 6,5) amar a Deus com todo o seu coração, com toda sua alma, com todas as suas forças.

---

[71] Singular *huk*, feminino *hukah*.
[72] E Deus sabe se o judeu (se) interroga!
[73] Às vezes com desprezo, mas desprezamos argumentos que procedem de um puro ódio. Antissemitismo, o racismo ou a xenofobia não são nunca o problema das vítimas infelizes, mas sempre de detratores.

A *mitzvá* carrega a prova de amor. Esta é a originalidade do Judaísmo e seu *corpus* ritual, que ao ler o Evangelho, Jesus nunca questiona, mas interpreta em um nível moral.

Voltemos, portanto, à leitura do capítulo 11 do Levítico, que apresenta as leis dietéticas, em decreto divino:

> Eis (a besta) viva que vós comereis (v 2), segui os sinais de permissividade dos animais terrestres: ruminantes e de cascos fendidos. Um sinal interior e um sinal exterior. Assim o camelo, o jerboa, a lebre e porco que possuem apenas um sinal, se encontram proibidos, 'serão impuros por vós'. Esta formulação será encontrada para os peixes e os pássaros proibidos.[74]

Primeira observação: segundo a leitura de Jesus, esses animais são impuros "para vós", filhos de Israel, mas não para os filhos de Noé, as nações. Em outras palavras, uma carne permanece uma carne, proteína, que um biólogo poderia separá-la de acordo com sua cadeia de DNA. Primeira sutileza exegética.[75]

Para retomar o ensinamento de R. Yohanan, já citado, intrinsecamente tudo o que procede de Deus é *muito bom* (Gn 1,31). E, portanto, todo alimento, consistente com a onivoridade humana, passa pela boca; então o sistema digestivo reterá o que será usado para energia e renovação celular, antes de rejeitar o excesso. Desde Adão até o último ser humano, sempre será assim.[76] Jesus apresenta aqui sua lição de Ciencia, Vida e Biologia na terra.

Uma vez que a regra de limitar o consumo de carne, (autorização que aparece como uma concessão de Deus, com relutância), e, portanto, colocando como impuro o que Deus proibiu, permanece a segunda fase: como esta energia absorvida vai ser usada?

---

[74] *Tamê hou lakhem* ou *chekets hou lakhem*; *tamê* (origem cananeia) e *chekets* (origem acadiana) que significa "impuro".
[75] Comentário paralelo sobre o sangue do cordeiro pascal aplicado à entrada das casas hebraicas (Ex 12,13). O versículo especifica "o sangue será *para vós* um sinal". Rashi: "para vós, e não para os egípcios, é porque o sangue foi espalhado *dentro* das casas".
[76] Um Midrash pergunta por que Moisés tinha que ir à beira do Nilo para encontrar o faraó? Ele responde. Porque este último, proclamando-se filho de Deus (*Re*), fazia acreditar que ele nunca satisfazia suas necessidades naturais, e ia discretamente às margens do Nilo. Moisés sabia sempre onde encontrá-lo, lembrando-o de sua humanidade.

Jesus sutilmente menciona a boca, como local de absorção – *o que entra na boca* do mundo para o homem; e lugar de exteriorização – *o que sai da boca* do homem para o mundo.

Ele adotaria o trocadilho dos rabinos que decompõem a palavra *pessah* (o cordeiro pascal) em *pe-sa'h* (boca falante). O homem come não unicamente para sobreviver, mas sobretudo para servir a Deus completando o mundo. Aqui, a boca que come pão ázimo deve se tornar a boca que expressa a liberdade oferecida por Deus.

Logo esta conduta ideal do Homem, masculino e feminino, esperada por seu Criador chama-se: santificação da vida. Ela constitui o fundamento da educação bíblica, para todos os membros israelitas. Seu programa geral se encontra no capítulo 19 de Levítico, inaugurado por: "Santos sereis, pois santo Eu sou, o Eterno vosso Deus".

Se um guia espiritual, qualquer que seja a religião, não visa esse movimento permanente de consciência moral, então ele se parece com 'um cego guiando cegos', que acabarão todos na vala.

Todo este programa apresenta, em sua maior parte, os deveres do homem para com os outros, desde o respeito filial, até o amor ao próximo e ao estrangeiro, por meio de leis sociais (*tzedaká*), a proibição da calúnia, vingança ou ressentimento. *Summum* ou ápice da vida moral, então! Eis o projeto de santidade, de *kedushá*, para Israel e para o ser humano.

Agora, lendo atentamente os últimos versículos do cap. 11, encontramos o apelo à santidade: "... Não vos torneis impuros (*tamê*) por eles, e vós ficaríeis impuros. Porque eu sou o Eterno vosso Deus; vós santificareis e sereis santos, porque Eu sou santo".

Para Jesus, quando a Torá pede para não se contaminar com tal alimento, significa que a *kasherut* não deve ofuscar o valor da boca, que tanto engole quanto fala, que nutre o corpo (o ventre) e fortalece nosso poder de agir (o coração), idealmente para o bem.

Em outras palavras, ao consumir carne, não se torne *um lobo para o homem*, mas seu verdadeiro irmão! Isso é santificação em ação!

As noções de *pureza e impureza* referem-se bem à vida e à morte, na sua dimensão moral, muito mais do que biológica ou mística. O golpe de gênio de verdadeiros inspirados de Deus é de transformar os discursos religiosos em código de ética.

No seu tempo, Isaías tinha feito um jejum de Kippur, não uma mortificação (Deus não quer ver Sua criatura sofrer), mas uma responsabilidade para com os mais necessitados (cap. 58); como fizeram os outros profetas ao verem na justiça, na bondade e na humildade a mais autêntica expressão de adoração sacrificial (será que Deus, portanto, precisaria de toda esta carne e todo este sangue?), e inclusive a Torá inteira.[77]

Através do ensinamento dos profetas hebreus e o de Jesus, como mais tarde os grandes mestres de Israel, a voz divina do Sinai repete incansavelmente este apelo à solidariedade entre os homens. A nosso ver, trata-se de um notável *hiddush*, que deve ser constantemente "ouvido e entendido".

3.2.3 Jesus e os Milagres

Para dizer milagre, a Torá usa a palavra *ot* "sinal" e "letra" e *mofet*, "revelador, guia", combinando-os frequentemente (Ex 6,22; Dt 13,2, Zc 3,8). O hebraico rabínico acrescentará *ness*, que também significa "estandarte". O milagre vai além da ordem natural, como uma mensagem ou uma carta para ler, uma bandeira que levanta a cabeça para o céu.

Como podemos situar o milagre na fé monoteísta? De fato, por um lado, a Torá afirma no seu início (Gn 2,1): "e assim foram terminados os céus e a terra e todos os seus elementos ou seu exército", equivalente de acordo com Lavoisier a "nada é criado, nada se perde, tudo se transforma" - regra de conjunto estabelecido pelo Criador; e, por outro lado, lemos que os milagres alteram o curso das coisas (as do êxodo do Egito, de Elias e de Eliseu, precursores dos milagres de Jesus, etc).

No Judaísmo, duas escolas se opõem: racionalistas (Maimônides ou Gersônides) que consideram os milagres intrínsecos às leis naturais, ocorrendo quando as condições históricas são atendidas; e os místicos (Nahmânides ou Maharal de Praga) se inclinam para o intervencionismo divino no evento. A tradição não se estabeleceu, e cada um se situará de acordo com a fé de sua maturidade e a maturidade de sua fé.

Em suma, notemos que os milagres da Bíblia ou de Jesus não mudam a aparência do mundo, mas repara-o (*tikun olam*) revelando ao

---

[77] Por exemplo, Os 6,8. O Talmud vê neste versículo a quintessência de todas as *mitzvot*.

mesmo tempo o poder do Criador, por uma aceleração do tempo.[78] Um bastão torna-se serpente, o sol e a lua param sobre Gabaon (Js 10,13), o cego torna-se clarividente e os mortos ressuscitam.[79] Mesmo se interpretarmos literalmente essas histórias, todas essas ações permanecem coerentes com a fé israelita, visto que procedem do Senhor.

O fiel da Sinagoga recorda-o nestas três orações diárias:

> Tu és poderoso para sempre, ó Eterno, Tu fazes viver os mortais / ressuscitar os mortos, Tu és grande para salvar; Tu fazes soprar o vento e cair a chuva / Tu fazes cair o orvalho, Tu alimentas todos os vivos com bondade, Tu fazes viver os mortais / reviver os mortos com grandes misericórdias, Tu sustentas aqueles que caem, Tu curas os enfermos, e tu livras os cativos, e cumpres Tua fidelidade (*emuna*) àqueles que dormem no húmus (*afar*). Quem é como Tu, Mestre dos poderes, e quem pode ser como Tu? Tu o Rei que mata e revive e faz brotar a libertação. Bendito és Tu YHWH, Tu que revives os mortos / dá vida aos mortais.[80]

Por que o milagre?

De acordo com a Torá, qual é o objetivo do milagre? Uma única resposta: proclamar a soberania do Deus único. Se os homens por sua fé "simples" (*emuná*) não são capazes de ter acesso ao (íntimo) conhecimento de Deus (*daat YHWH*), o milagre pode catalisar esta fé, sabendo que a pessoa milagrosa terá que viver, até o fim de sua consciência, com esta memória viva. Por outro lado, se um milagre produz um desvio de Deus, então é um teste de fé.

Assim, entre o sinal ostentatório e a fidelidade ao monoteísmo, a Torá pede para escolher a segunda via:

> Se surgir em teu meio um profeta ou um sonhador, que te anuncia um sinal ou um prodígio, e se esse sinal ou prodígio anunciado acontecer, e ele te disser mesmo se o sinal ou maravilha, dizendo: 'Vamos seguir outros

---

[78] As teorias quânticas explicam ainda mais os milagres do que a física newtoniana clássica. Nós permanecemos na coerência de um mundo criado.
[79] O Talmud também menciona ressurreições de mortos por Rabinos (ex. TB *Avodá Zará* 10 b).
[80] Optamos pelas duas traduções por serem equivalentes hebraicos.

deuses, que não conheces, e sirvamo-los', não darás atenção às palavras desse profeta ou sonhador! Porque o Eterno teu Deus, que assim te porá à prova, para saber se tu O amas com todo o teu coração e com toda tua alma (Dt 13,2-4).

A provação do crente monoteísta exige fidelidade do amor, como um marido tentado por uma sedutora, e que demonstrará, pelo seu triunfo, o amor da sua amada (cf. Oséias). Isso posto, Jesus se inscreve entre esses falsos profetas ou entre os autênticos fiéis de YHWH?

3.2.4 A fé de Jesus

Perguntou-se frequentemente ao judeu por que ele não acreditava em Jesus? Sem dúvida porque o judeu sempre compartilhou a fé de Jesus, a análise aqui o mostrará novamente. Porque uma das acusações feitas pelos detratores de Jesus diz respeito à fonte de seu poder de taumaturgo. Então lemos:

> E os escribas, que tinham descido de Jerusalém, diziam: 'Ele está possesso de Belzebu; é pelo príncipe dos demônios expulsa os demônios'. Jesus os chamou, e disse-lhes na forma de parábolas: 'Como pode Satanás expulsar Satanás? Se um reino é dividido contra si mesmo, este reino não pode subsistir; e se um reino está dividido contra si mesmo, este reino não pode subsistir. Se, portanto, Satanás se revolta contra ele mesmo, ele está dividido e não pode sobreviver, pois ele acabou. Ninguém pode entrar na casa de um homem forte e saquear seus bens, sem ter previamente ligado a este homem forte; então ele saqueará sua casa'. (Mc 3,22-26; Mt 12,22-26; Lc 11,14-18)

A atividade de Jesus como curador atrai uma comissão de inquérito de Jerusalém. Constaremos imediatamente que o milagre não representa nenhum problema para esse mundo farisaico que conhece seus próprios taumaturgos. Então encontramos no Talmud relatos que evocam aqueles dos Evangelhos, por exemplo. Mt 8,13 (a cura do filho do centurião).

Nossos mestres ensinaram: Quando o filho de R. Gamliel adoeceu, seu pai enviou dois discípulos a R. Hanina ben Dossa (conhecido por suas curas milagrosas) para que ele implorasse a misericórdia do céu. Quando os viu, subiu as escadas e começou a rezar. Ao descer, ele disse: 'Voltai, a febre baixou'. Eles lhe perguntaram: 'És profeta?' Ele lhes respondeu: 'Não sou profeta nem filho de profeta (Am 7,14), mas recebi (este presente): se minha oração flui na minha boca, sei que fulano de tal será salvo, caso contrário, não'. Eles sentaram-se e anotaram a hora exata de sua oração. Quando voltaram para R. Gamaliel, declarou para seu filho assim a coisa aconteceu, naquele momento, a febre o deixou e ele nos pediu para beber. (TB *Berakhot* 34b)

Observemos que o público desde então associou (Moisés ou Elias), o dom do milagre para profetas e seus "filhos", ou seja, seus discípulos; título que foi dado a Jesus.

O episódio da cura da sogra de Pedro (Mt 8,15) também encontra sua contrapartida:

R. Yohanan estava doente, R. Hanina o visitou e perguntou: 'Você acha algum bem em seus sofrimentos (para a vida futura)?' –'Não, eu não quero nem os sofrimentos, nem suas recompensas'. Rabi Hanina disse a ele: 'Dê-me a sua mão'. Ele a entregou e foi imediatamente curado. (TB *Berakhot* 35b)

Este rabino Hanina também veio da Galiléia e exerceu a sua atividade em torno da destruição do Templo (70 EC).

Existem outras narrativas que mostram que alguns rabinos possuíam presentes do céu (para mulheres inférteis, encomendar chuvas ou queimar com o olhar). De acordo com fontes judaicas da época, a existência de manifestações carismáticas não oferece dúvida.

Aqui, a observação do poder curador de Jesus não surpreende a delegação, mas a questiona a fonte desse poder. Porque para a tradição judaica da época, o poder poderia vir de Deus, mas também de Satanás.

Observemos, em primeiro lugar, uma desvalorização do monoteísmo profético que não concedeu a plenos poderes somente a Deus, Satanás sendo somente um anjo subordinado a serviço do Criador (cf. o início de Jó). Nós reconhecemos aqui sua dupla concepção, oposta por Isaías 45,7. Isso explica a presença de páginas talmúdicas sobre demonologia que os profetas teriam recusado, em seu tempo.[81]

Entre as divindades nocivas de referência, ele existiu *Baâl-Zevul* "Mestre da sujeira" (conhecido, graças às descobertas de Ros Shamra, na Síria) ou *Baal-Zevuv* "Mestre da Mosca" (2 Rs 1,2). Associava-se, por superstição, as moscas, voando sobre a sujeira e excrementos, a uma origem maligna.

A resposta de Jesus não se presta a nenhuma confusão: toda a sua atividade consiste em curar, aliviar a dor, viver por *imitatio Dei* (Sl 146,7-9) sem dela derivar nenhuma glória personal,[82] mas sempre retornando esta glória (*kavod*) a Deus, mesmo que o público às vezes tenha lhe atribuído.

Sua demonstração nos revela que não é uma questão de um feiticeiro, mas de um autêntico inspirado que espalha o bem ao seu redor, de acordo com os dons divinos, a fim de realizar o *tikun olam*, o "conserto do mundo".

Jesus usará vários processos para curar, para aliviar o fardo dos infelizes, tocados em seu corpo ou alma: palavras revigorantes, um toque sutil, técnicas também, como nesta narração de Marcos (7,31-37):

> Trouxeram-lhe um surdo, que tinha dificuldades em falar,[83] e pediram-lhe que impusesse as mãos sobre ele. Levando-o a sós longe da multidão (como um médico que trata na privacidade de seu consultório), colocou os dedos nas orelhas dele e, com saliva, tocou-lhe a língua; depois, levantando olhos para o céu, suspirou e disse: *Effatha*, isto é, 'abre-te'. Imediatamente se lhe abriram os ouvidos, e a língua se lhe desprendeu, e falava corretamente. Jesus os proibiu de contar o que acontecera; quanto mais o proibia, tanto mais eles o proclamavam. Maravilhavam-se sobremaneira, dizendo: 'Ele tem feito tudo bem; ele faz tanto os surdos ouvirem, como os mudos falarem'.

Então Jesus também usava técnicas, como hoje na África ou nas ilhas de Pacífico.[84] Desbloqueia os sete orifícios do rosto, sua *menorá*;

---
[81] Cf. A. Cohen, *Le Talmud*. Ed. Payot.
[82] No episódio de Betesda- Beth-Hasda- (Jo 5,13), ele permanece anônimo depois que o inválido foi curado.
[83] Consequência frequente da surdez.
[84] Tobie Nathan e Isabelle Strengers, *Médecins et Sorciers*. Ed. Descoberta.

depois invoca o Eterno com seu aramaico "abre-te". Ele associa o gesto e a palavra, o fazer e o dizer. Para o hebraísmo, impossível separá-los.

Mas o que esse "abre-te" pode significar? Um sésamo? Não se trata de um plano espiritual ou psicológico de um convite feito ao doente, para acolher este dom divino, esta misericórdia. "Abre-te a Deus, a sua escuta, a sua palavra, ao seu olhar, ao seu andar...".

Pensamos neste versículo dos Salmos: "Abre a tua mão, e sacias todo ser vivo à vontade" (Sl 145,16). Certamente a experiência da doença, da fome no mundo, contradiz este versículo piedoso. A menos que a cura seja compreendida na lógica de uma aliança entre Deus e Homem. O Criador excede em benefícios, mas o receptor humano não pode acolhê-los.[85] O terapeuta reconecta o mundo de cima e o mundo debaixo.

A ciência ocidental manteve apenas a processos, os medicamentos tradicionais têm assegurado o reconhecimento da Fonte da vida. "Aleluia meu Deus, obrigado doutor!"

Duas invariantes aparecem nessas narrativas: 1) Jesus comprova a fé; 2) A multidão dá glória a Deus por oferecer este poder aos homens.[86]

Tudo o que Jesus cumpre é somente para a glória divina: "Vai", disse ele, "para aquele que foi libertado de um espírito maligno, para tua casa, e para os teus e anuncia-lhes tudo o que fez por ti *o Eterno* (YHWH), e como ele teve piedade de ti". Ele foi, e começou a proclamar na Decápole tudo o que *Jesus* havia feito por ele (Mc 5,19 -20).

Jesus se refere à glória do Senhor, mas o milagre só menciona Jesus. Como Moisés, Jesus queria ser um mestre transparente.

O terapeuta autêntico é reconhecido tanto pelas suas capacidades quanto pelo seu altruísmo. Pensemos naquela e naqueles que lutam contra o Covid em nosso tempo; e um homem curado em Lourdes vale um curado no hospital Georges Pompidou em Paris!

Deus pode agir através da água ou da ciência. Todo o sentido da vida consiste em construir o Reino da Paz de Deus.

---

[85] O próprio Jesus não cura a todos. Para Betesda- Beth Hasda ele escolhe o paralítico entre dezenas de enfermos.
[86] Alguns rabinos também eram conhecidos por seus milagres, são chamados de *baalé nissim*, "mestres dos milagres".

"Eles me farão um santuário e habitarei no meio deles" (Ex 25,8). "Não se diz *nele* (o santuário), mas *neles*, ou seja, no coração de cada um (R. Isaías Halevi Horowitz).

Se você realmente quer...

3.2.5 Jesus e o divórcio[87]

Outro ponto de divergência entre os fariseus e Jesus: o divórcio. Ouçamos o relato contado por Marcos.

> Jesus, saiu dali e foi para o território da Judeia e da Transjordânia. A multidão se reuniu de novo em sua volta, e ele como era seu costume, começou a ensiná-la novamente. Os fariseus aproximaram dele; e, para testá-lo, perguntaram-lhe se era permitido a um homem divorciar-se de sua esposa. Ele lhes respondeu: 'O que Moisés lhes ordenou?' – 'Moisés permitiu escrever uma carta de divórcio e repudiar'. Jesus lhes disse: 'É por causa da dureza de vosso coração que Moisés deu-lhes este preceito. Mas no início da criação, Deus fez o homem e a mulher; *por isso o homem deixará seu pai e sua mãe, e vai se unir a sua esposa, e os dois se tornarão uma só carne*. Assim eles não são mais dois, mas são uma carne. Esse homem, portanto, não separa o que Deus uniu'. Quando eles estavam em casa, os discípulos o questionaram sobre isso novamente. Ele lhes disse: 'Aquele que se divorciar de sua mulher e se casar com outra, comete adultério com ela; e se uma mulher deixa marido e se casa com outro, ela comete adultério'. (Mc 10,1-12)

Um relato paralelo encontra-se em Mt 19,3-8; quanto a Lc 16,18,[88] ele se contentará de anunciar a lei evangélica: "Quem repudia sua esposa, casando-se com outra, comete adultério; qualquer um que se case com esposa repudiada comete adultério". Indissolubilidade do casamento!

Em primeiro lugar, por que Jesus atravessa a Jordânia para ir da Galileia para a Judéia? Hipótese: talvez ele queira evitar se deparar com

---

[87] Veja também nosso livro *Disciples de Jésus* (p. 122-126).
[88] 1Cor 7,10: "Aos casados ordeno, pelo Senhor, que a mulher não se separe de seu marido. Se ela é separada, quer ela permaneça sem se casar ou reconcilie-se com seu marido; que o marido não repudie sua mulher".

samaritanos hostis,[89] o que o obriga a cruzar a Transjordânia, a seguir a Samaria, logo cruzar novamente o Jordão para entrar na Judeia.

Dito isto, constatamos que Jesus foi, inicialmente, um mestre, um pedagogo, na pura tradição dos mestres de Israel, aproveitando de toda ocasião e de qualquer lugar para transmitir sua leitura da Torá e dos eventos. Certamente, sua ação de curador parece mais importante por causa dos capítulos dedicados a ele, mas se a memória dos apóstolos tivesse sido plenamente preservada, teríamos o *Talmud de Jesus*.

Atrevamo-nos a fazer algumas correções pessoais que, a nosso ver, não põem em causa o conteúdo do ensinamento, mas atenuam a forma agressiva da declaração. Assim, preferimos "certos" fariseus (de Jerusalém), em vez de "os" fariseus, para significar que o tema do divórcio foi debatido nas várias correntes da época, como veremos. Quanto à expressão "para experimentá-lo", o evangelho ignora (ou finge ignorar) que toda a tradição fariseana se baseia no questionamento do texto bíblico, tanto quanto na opinião do outro. Optamos então: *para que Jesus dê uma prova, pelo raciocínio midráshico* (a partir da fonte bíblica).

Observemos que, se de frente para a multidão, no *Sermão da Montanha*, Jesus apenas contenta-se com "nós te dissemos... e eu te digo", diante dos fariseus, ele se força a argumentar, curvando-se a este requisito.

Essa atitude retórica não mudou desde então. De seu púlpito no Shabbat, o rabino ensina ao seu público as grandes ideias de fé de Israel, sem se referir a fontes precisas. Digamos que ele oferece a quintessência de seu estudo semanal. Por outro lado, na casa de estudo, o discurso geral não é suficiente, e o confronto com o texto e com o outro se torna necessário para verdade do debate.

Entremos, portanto, no texto citado, ouvindo esta dialética *talmúdica* "questões – respostas". Os fariseus e Jesus conheciam tanto o texto Dt 24,1-2 sobre o ato de repúdio, como Gn 1,27 e Gn 2,24.

Na época como não existiam capítulos, citava-se o versículo principal, às vezes apenas seu início, para o situar mentalmente, como os mestres de xadrez que podem jogar uma parte oralmente, sem o apoio de um tabuleiro de xadrez.

---

[89] Cf. Mt 10,5.

Como conciliar estes dois textos de Gênesis, que estabelecem a união do homem e mulher e o de Deuteronômio que se mostra mais permissivo para o repúdio? Mesmo considerando de acordo com a pesquisa moderna, uma independência da escola deuteronomista, a questão permanece de duas tradições dentro da lei mosaica. Para Jesus, o Gênesis permanece fundador, e a legislação de Deuteronômio aqui constitui uma concessão de Moisés, para não tornar a vida de uma mulher impossível, se a existência comum fosse mantida.[90]

Note-se que já em seu *Sermão sobre a Montanha*, Jesus tinha sido inflexível sobre esse ponto (Mt 5,31-32); sem omitir isso no v. 43, ele postula que o amor ao próximo abrange o amor do inimigo; com mais razão, dizia ele, em relação à esposa da juventude, mesmo que seja impertinente, até que a morte separe os cônjuges.

Mais tarde (em 5,32) Jesus, porém, reconhecerá o repúdio pela infidelidade da esposa, mas fora este caso, a demanda por amor não pode projetar uma falha no relacionamento conjugal. Jesus permanece totalmente fiel ao projeto da Torá!

Mas o que significa *o endurecimento do coração* do marido? Como o *endurecimento do coração* do faraó, ele enfatiza a recusa do amor, fazendo da mulher (como os hebreus) uma vítima. Basicamente, esse endurecimento do coração corresponde à inclinação do mal (*yetzer hara*) de vocabulário rabínico.

Essa ideia de que Moisés (ou a Torá) teria feito uma concessão em relação às inclinações do homem existe na tradição rabínica (embora mais uma vez os evangelistas usem a *dobra polêmica*). Por exemplo, o consumo de carne é uma concessão para uma humanidade violenta (Gn 9,4), embora Jesus não proíba o consumo de carne. A permissão para casar-se com a "bela prisioneira" traduz mais uma concessão contra o estupro de prisioneiras (Dt 21,11 e Rashi).

Dito isto, os fariseus como um todo, compartilharam a opinião dos que estão no Evangelho? A resposta ainda será: nem todos!

Rabi Eliezer ensina: 'todo aquele que repudia sua esposa faz derramar lágrimas no altar, como se diz (Ml 2,13-16): E esta é uma segunda (má

---

[90] Historicamente o Deuteronômio propõe uma legislação reformada à época de Josias.

ação) de vossa parte: vós sois a causa do altar do Eterno se cobrir de lágrimas, de choros e soluços, para que não possa mais deliciar-se com vossas oferendas nem aceitar nenhum presente de vossa mão. E tu dizes: Por que isso? Porque o Senhor é testemunho entre ti e a tua esposa de tua juventude, a quem tu traíste; ela que é tua companheira, a mulher unida a ti por um pacto (*berit*).[91] Ninguém teria feito isso, se lhe restasse algum resquício de bom senso. E o que ele desejaria, mesmo aquele, sem uma [boa] descendência para Deus? Portanto, cuidem-se e que ninguém traia a mulher da sua Juventude! Pois eu odeio o repúdio, diz o Eterno Deus de Israel, e aquele que cobre sua roupa com violência,[92] diz o Senhor Zebaot. Então observas os teus sentimentos e não cometa a traição!' Rabino Yokhanan comenta: 'Deus odeia o repúdio, ou seja, não se pode se divorciar de tua esposa apenas por infidelidade, pois se diz (Dt 24,1) se tiver encontrado um caso de moral. Caso contrário, não!'. (TB *Guitin* 90a)

Aqui Jesus junta-se à atitude categórica de Malaquias. Poderíamos voltar mais atrás, com Jacó. Rabino Meir Simha Hacohen (séc. 19) observa que a expressão o *Eterno Deus de Israel* aparece apenas uma vez em toda a Bíblia, aqui. Para ele, essa passagem refere-se à vida de Jacó.

Recordamos que o nosso patriarca queria casar-se com Raquel e em seu lugar recebeu Lia (Gn 29,18-31). Apesar desse engano, Jacó não endurece o seu coração repudiando Lia, mas a manteve além de Raquel, que se casou em segundo casamento. No entanto, Lia não se sentindo amada, foi considerada pelo Céu como odiada. Jacó deveria dizer a Raquel: "Amo-te", e para Lia: "Gosto de você". Daí o debate que oporá a Hillel e Shamai por algumas décadas diante da postura de Jesus.

"A escola de Shamai ensina: um homem nunca se divorciará de sua esposa, exceto em casos de infidelidade; a casa de Hillel ensina: ele pode repudiá-la, mesmo pela razão de ter queimado a refeição". (Mishná *Guitin* 9,10)!!

---

[91] Algumas feministas, com razão, ficam surpresas que Abraão e seus descendentes tenham recebido o sinal de aliança de Deus (circuncisão), enquanto Sara e sua descendentes não trazem nenhum sinal. Uma pista de resposta encontra-se aqui em Malaquias: a aliança da circuncisão em oito dias, abre-se mais tarde à aliança entre o homem e a mulher. É o casal em sua especificidade corporal e biológica que se torna o lugar da aliança entre o Homem, masculino e feminino, e Deus (cf. Gn 17).

[92] O repúdio equivale à violência, especialmente nas sociedades patriarcais onde a repudiada pode se encontrar na miséria e na vergonha.

O Talmud desenvolve a tese de cada escola: Shamai pensa, como Jesus mais tarde, que o vínculo matrimonial permanece indissolúvel, quaisquer que sejam os problemas atravessados, exceto no caso de infidelidade. Hillel, sempre mais flexível, permanece pragmático. Se um homem não pode elevar-se ao nível do amor da esposa de sua juventude, se uma refeição queimada causar raios e violência doméstica (o endurecimento do coração), então é melhor romper, garantindo à mulher uma pensão, depois cada um tentará reconstruir uma nova história. Mesmo que o altar derrame lágrimas por este fracasso de fraternidade.

O feminicídio

No entanto, os acontecimentos atuais nos obrigam a reconsiderar a posição de Shamai e Jesus. Pois há situações de casal em que a vida da esposa está realmente em perigo (brutalidade e injúrias, inclusive a morte). Em 2018, na França, houve mais de 400.000 casos de mulheres espancadas e 149 assassinatos pelo cônjuge.[93] Se estes grandes mestres tivessem sabido destas trágicas realidades, teriam defendido o divórcio para salvar duas vidas: a vítima e seu perpetrador?

O Endurecimento do Coração – Aprendemos isto todos os dias ouvindo as notícias – encontrando mentiras em todos os corações humanos. Fé em Deus e obediência à sua doutrina de amor podem nos oferecer um futuro melhor, para um casal ou para a humanidade.

Mas ainda assim, é preciso querer "ouvir, entender, compreender" e aplicar...

3.2.6 Jesus e os impostos

Quanto mais nos aproximamos dos últimos capítulos evangélicos, mais aumenta a tensão com os fariseus. De fato, o Judaísmo de Jerusalém é poderoso, organizado e rigoroso, muito mais do que na Galileia. Além disso, os sacerdotes administram o Templo à sombra da espada romana. Os evangelistas usarão uma escrita incisiva, certamente pouco

---

[93] Cf. Serviço público do governo dedicado à violência doméstica.

à altura dos doutores da Lei, para retratar essa tensão, que sempre reflete a tensão existente entre um estabelecimento (político, religioso) em vigor, e um discurso interno revolucionário.

Os fariseus foram se consultar sobre os meios de surpreender Jesus com suas próprias palavras. Enviaram a ele seus discípulos com os herodianos, que disseram:

> Mestre, sabemos que és sincero, e ensinas o caminho de Deus de acordo com a verdade, sem te preocupares com ninguém, pois não olhas para a aparência dos homens. Então diga-nos o que te parece: é permitido, ou não, para pagar o imposto a César? Jesus, conhecendo sua maldade, lhes respondeu: 'Por que me tentais, hipócritas? Mostrai-me a moeda com qual se paga o tributo'. E eles apresentaram um denário. Ele lhes perguntou: 'De quem são esta efígie e esta inscrição?' – 'De César', responderam-lhe. Então ele lhes disse: 'Dai, pois, a César o que é de César, e a Deus o que é de Deus'. Espantados com o que ouviram, deixaram-no e foram. (Mt 22,15-22)

Esta conclusão tornou-se proverbial. Mc 12,13-17 e Lc 20,20-26 apresentam cenários semelhantes com variações, por exemplo, somente o Jesus de Mateus chama frontalmente seus oponentes dos "hipócritas".[94]

Do que se trata aqui? De um conflito declarado entre fariseus, herodianos e Jesus. Neste contexto, a religião tem pouco lugar, não se trata nem da observância do Shabbat, nem do puro ou o impuro, mas da relação com a autoridade de Roma.

Jesus incomoda porque "Mestre, sabemos que és sincero, e ensinas o caminho de Deus segundo a verdade". Jesus encarna um novo Aarão, de quem o profeta Malaquias 2,6 faz elogio: "um ensinamento da verdade (*torat emet*) em sua boca, e nenhuma iniquidade sobre seus lábios". A verdade não se corrompe diante de ninguém, exceto para submeter-se à paz que, de acordo com a tradição judaica, permanece superior a ela.[95]

Mas a verdade sempre vale a pena ser dita? Não se arrisca a virar-se contra aquele que a profere, quando viola as regras do império; especialmente se o censor for chamado Roma, a implacável?

---

[94] Mateus é o mais agressivo dos sinóticos, sem dúvida o mais frustrado por não ter sido bem-sucedido em Jerusalém.
[95] Cf. *Citations talmudiques commentées*. Eyrolles.

Desde o ano 6 EC, por decreto de Quirino, os judeus e os samaritanos tiveram que pagar o imposto[96] (daí a presença de cobradores de impostos nos Evangelhos). Membros do Sinédrio recolhiam a soma total e, em seguida, revertiam ao governador (que não devia aumentar sua popularidade junto às pessoas).

O que querem estes fariseus e (especialmente) estes herodianos? Aprisionar Jesus acusando-o de agitador, fanático, nacionalista, e assim livrar-se dele como João Batista, antes dele. A resposta de Jesus será, portanto, decisiva para o seu futuro.

Os sinóticos apresentam o intercâmbio de forma teatral: cada um dos protagonistas interpreta a comédia, mas a réplica de Jesus, o livrará dessa dificuldade. Vendo a efígie de Imperador Tibério (13 – 37 EC), ele responde judiciosamente que qualquer cidadão, romano, judeu ou samaritano, deve pagar seu imposto.

Ainda que Jesus declare que o seu "Reino não é deste mundo" (Jo 18,36), ele não isenta os seus discípulos e os membros da Igreja, em seguida, para se separarem dos assuntos terrestres.

Na verdade, Jesus apenas segue as recomendações do profeta Jeremias 29,4-7 aos exilados:

> Assim fala o Eterno dos Exércitos (*Tsevaot*), Deus de Israel, a todos os exilados que deportei de Jerusalém à Babilônia: 'Construí casas e habitai nelas, plantai pomares e comei seus frutos. Tomai esposas e gerai filhos e filhas; escolhei esposas a vossos filhos, maridos a vossas filhas, para que tenham filhos e filhas. Multiplicai aí e não vos diminuais. Trabalhai na prosperidade da cidade onde tenho relegado e implorado a Deus em vosso nome; pois a paz dele garante a vossa paz'.

Jeremias já anuncia para orar por seus inimigos, pois a paz (*shalom*) traz bênção divina. Jesus aceita a *pax romana,* mesmo que isto custe às ovelhas perdidas de Israel.

Mais tarde, Samuel, um mestre babilônico do III século EC, usará a fórmula: "a Lei do país é a Lei": *dina demalkhuta dina* (TB *Nedarim* 28ª) enquanto o Estado não coloca em causa a liberdade de culto individual.

---

[96] F. Josefo. *Antig.* XVIII,1.

Este é talvez o significado da fórmula de Jesus, que tem sido muitas vezes interpretada (pela Igreja e também pela Sinagoga) como uma separação entre a vida mundana e a vida espiritual.

Ora, para a Torá, essa separação não existe desde que Deus criou o céu e a terra, o corpo e a alma, e que Ele pede aos homens construir um santuário aqui embaixo para que Ele possa aí residir (Ex 25,8). Aos nossos olhos, Jesus não pode trair este fundamento da fé de Israel, porque Jesus não é grego, mas judeu!

Assim, ele afirma claramente: "Dái a César, (ao estado), o que lhe pertence", e fazei-o piedosamente (pois a sua paz garante a vossa paz), mas não deixeis de lado vossos deveres religiosos (oração, Shabbat, regras alimentares, etc).

O final da história nos apresenta o cenário do aspersor regado; pois seus acusadores parecem mais preocupados com a política do que com valores autênticos da fé de Israel.

3.3 Os "Ais" de Jesus contra os fariseus

Com o capítulo 23 de Mateus penetramos num universo de insultos e ultrajes que desconcertam não apenas o simples judeu[97] que os leria pela primeira vez, mas também os cristãos empenhados no diálogo com a Sinagoga.

Como compreender que aquele a quem a Igreja denomina de "Cordeiro de Deus" tão terno, tão gentil, "maltratado, insultado, não abria a boca; como o cordeiro que é levado ao açougueiro, a ovelha silenciosa diante de seus tosquiadores" (Is 53,7)[98] fez acusações tão duras? "Tolos e cegos... sepulcros caiados". "Filhos de assassinos de profetas... Serpentes, raça de víboras". Este Jesus que anuncia que aquele que insulta será julgado pelos homens e pelo Céu até à Geena; este Jesus que anuncia o amor de todos os inimigos e que prefere dar a outra face, não se torna aqui um salvador demasiado severo? Como pode aquele que foi reconhecido pelos seus discípulos como messias, não ter medido

---

[97] Muitos judeus não conseguem ler os Evangelhos por causa da linguagem antifarisaica ou antijudaica.
[98] As primeiras comunidades cristãs aplicaram estes versículos a Jesus.

o alcance de suas palavras para os séculos futuros? Por que à maneira de Isaías, tão valorizado pelos Evangelhos, não encontramos nenhum "consolai, consolai meu povo", fariseus, incluídos?

Vamos tentar algumas respostas para diminuir o peso das acusações.

Quem fala nos Evangelhos?

A questão do discurso no primeiro grau não é específica dos Evangelhos, ocorre em toda a Bíblia. Quem descreve a criação dos céus e da terra? Deus, Moisés ou um copista?

Quando Moisés, Elias ou Davi se exprimem, estas são as suas palavras ou é a escolha do escriba ou de sua escola (javista, eloísta ou deuteronomista)? Do mesmo modo, é Jesus quem fala? Ou Mateus, Marcos, Lucas ou João que fazem Jesus dizer o que diz?

A Bíblia, os Evangelhos transcrevem ao vivo os fatos e palavras? Ou são primeiro, duas obras literárias encenadas por escritores (o Emissor) que desejam transmitir sua fé? Concretamente, tudo dependerá do grau de adesão do leitor (o Receptor).

Assim, um judeu pode literalmente entender a saída do Egito até à abertura milagrosa do mar, ou pode vê-la como símbolo de uma libertação. Assim como um cristão *tradicional* considerará Jesus como autor de todas as suas *logia* - mesmo expressas diferentemente nos Sinóticos - enquanto um cristão mais *crítico* aceitará que a voz de Jesus seja re-transcrita ao gosto do evangelista que não a conhecia diretamente.

Na época da redação dos Evangelhos (entre 70 e 90 EC), eclodiu o conflito entre os fariseus de Jerusalém[99] e judeu-cristãos, em torno da messianidade de Jesus. Longe de ser uma disputa em nome do Céu, (citado acima), trata-se de uma oposição com afrontas de ambos os lados.

Aos nossos olhos, os evangelistas mancharam a imagem de Jesus por um excesso de fidelidade, destacando simultaneamente o lado infrequentável de fariseus legalistas. Dito de outra forma: quero *acreditar* que Jesus era muito mais matizado do que seus discípulos, que como

---

[99] O mundo da diáspora nada sabia de todas essas disputas antes do desenvolvimento das comunidades cristãs.

todos os discípulos zelosos das tradições abraâmicas, endossaram o hábito de um rigor agressivo.[100]

Em toda fraternidade, tentaremos relaxar a atmosfera encontrando circunstâncias atenuantes.

Porque ou quando?

Ouçamos a introdução do capítulo 23: "Então Jesus, falando à multidão e aos seus discípulos, disse: 'Os escribas e os fariseus estão sentados na cátedra de Moisés. Então fazei e observai o que eles vos dizem; mas não ajais de acordo com suas obras. Pois eles dizem e não fazem'".

O que é essa cadeira de Moisés? Antes de qualquer coisa uma alusão ao versículo (Ex 18,13) que apresenta *Moshê* sentado, de frente para o povo e julgando disputas, de acordo com a lei divina. Por extensão, esta cadeira mosaica simboliza toda a tradição oral do Sinai, preservada e aumentada de geração a geração. No tempo de Jesus, esta cadeira real do mestre se chamava *cátedra*. O Midrash *Pessikta de Rav Kahana* a denomina *cathedra de-Moshê* ou *cathedra de-drusha* (cadeira do sermão). A Arqueologia atualizou este tipo de poltrona de pedra da qual o Rabbi expressou sua homilia (Tiberíades, Korazim).[101] Esta é a origem da Catedral "a sede do bispo".

Assim Jesus, sem a menor dúvida, reconhece a completa legitimidade do ensinamento farisaico.

Essa afirmação deve estar presente em nossa memória, pela agressividade das palavras que seguirão. Esta introdução faz lembrar aquela que se encontra no *Sermão da Montanha* que afirma que a Torá não passará mesmo com um traço de *yod* (iota).

Jesus declara: "fazei (*taâssu*) e guardai (*tishmeru*)", uma dupla envolvente e frequente na Bíblia e na Torá Oral, que pode assim ser entendida: cumprir os mandamentos a serem feitos, de acordo com a interpretação dos fariseus, e abster-se de proibições, sempre de acordo com esta mesma interpretação.

---

[100] Um de nossos alunos fez o trabalho de reescrever todo o evangelho de Mateus, suprimindo as agressões verbais contra os fariseus. O texto é atenuado e acrescido com um espírito de paz.
[101] https://www.wikiwand.com/he/ כורזים

Isto não significa que haja apenas uma interpretação, como veremos novamente.

Aqui, Jesus confessa claramente sua inclinação farisaica! Então onde reside o problema? Na dicotomia entre o dizer e o fazer, na discrepância entre a vida interior e a vida exterior, entre um culto interessado e um culto desinteressado.

Isto significa que todos os fariseus são condenados sem nenhum advogado, como mais tarde todo o povo judeu, até a revelação do Concílio Vaticano II?[102] E se o erro tiver vindo da tradução?

Esta condenação, sem advogado e sem recurso, vem do "***porque/quando*** eles dizem e não fazem". O Messias de toda a terra não faria justiça?

E se passarmos para a retroversão!...

Este "porque" /"*car*", γαρ em grego, pesa como uma mesa de chumbo. Consideremos que ele traduz o *ki* aramaico (כי). Ora, em aramaico e hebraico, *ki* significa porque, mas também quando. Por exemplo. Ex 12,25: "Quando (*ki*) viereis à terra que o Senhor vos dá"; e em TB *Guittin* 52b: "Quando ele veio".

Com uma simples palavra, Jesus encontra toda a sua justiça, a sua misericórdia, sem negligenciar suas exigências, por este pequeno (e grande) rejuvenescimento da fórmula: "Mas não ajais de acordo com as suas obras, *quando* dizem e não fazem".

Esta boa notícia para os fariseus oferece uma chave de leitura para a sequência, que se torna mais suportável:

> Não sigais esses mestres, hipócritas, comediantes, quando agem por honras, tornando as regras religiosas mais complicadas quando não as aplicam; por outro lado, aqueles que procuram harmonizar suas vidas interiores e exteriores, segui-os, pois então eles honram a memória de Moisés.

Encontramos aqui a atmosfera talmúdica.

Rabbi Yosse, filho de abbi Yehuda ensinava: que sentido dar ao versículo (Lv 19,36): "Tende apenas balanças justas, pesos justos, um *efá justo*, *um*

---

[102] Georges Méliès produziu, "O Judeu Errante" que sofre a ira de Deus por não ter reconhecido a Cristo. Que o inventor do cinema tenha dedicado um filme sobre este tema diz muito sobre a psique ocidental.

hin justo?" Se dizemos *hin,* dizemos *efá;*[103] para te ensinar que teu sim (*hin*) seja justo e que o teu não seja justo".[104] Abaya ensinou: "isto significa não ter uma palavra na boca e outra no coração" (TB *Bava Metsia* 49a). Rabban Gamliel ensinou: todo discípulo cuja vida exterior não corresponde à vida interior (*tokho kebaro*) não entrará na casa de estudo (TB *Berakho*t 28a). Qual é o significado do versículo: "Tu a vestirás de ouro puro, por dentro e externamente?"[105] Qualquer seguidor de sábio cuja vida interior não corresponde à vida exterior não é um discípulo de sábio (TB *Yoma* 72b).

É proibido o uso de uma linguagem sedutora ou falsa para enganar as pessoas, e não se deve ter uma palavra na boca e outra no coração, mas sua interioridade será como a sua exterioridade; e isso é verdade, mesmo diante de um não-israelita, como por exemplo fazê-lo acreditar que tal carne é *kasher* quando ela não é (sob pretexto de que ele não é obrigado a comer *kasher*), (Maimônides, *Livre de la Connaissance* II, 6).

Desgraça ou maldição?

A partir daí, o texto apresenta sete vezes a palavra "Ai de vós". [106] Aqui Mateus quer dar força aos ataques de Jesus usando de uma cifra altamente eloquente na tradição judaica, que se refere a uma totalidade.[107] No momento, traduzimos de acordo com o TEB e Irmã Joana d'Arc: "Ai de vós". Também encontramos "Ai de ti" (francês fluente, Darby, Jerusalém, Segond, Semeur). Por outro lado, A. Chouraqui e C. Tresmontant mantiveram o grego: *Oy*, qui corresponde ao *Ai de mim*! (אוי ou הוי) hebraico.

No Tanakh, este termo tem três significados:
1. O luto daquele que fala (1Rs 13,30).
2. O anúncio de uma repreensão (Is 5,8).
3. O chamado a um compromisso zeloso (Is 1,24) como: "Vamos filhos da Pátria".

---

[103] Se é preciso ser honesto quanto aos centavos, com mais forte razão quanto aos euros.
[104] Mt 5,35. "seja teu *sim* seja sim".
[105] Literalmente: "dentro de casa e fora".
[106] Lucas 11,42-52 apresentará 6.
[107] Essa estrutura literária em sete exclamações já existia na tradição acadiana Era-Epos, quando Marduk fez a elegia de Babilônia (689 AEC), ou em Sófocles (496 406 AEC) *Édipe à Colone*. Cf. Sl 119,164; Pr 24,17.

Contatamos que as traduções ouvem apenas o segundo significado, mas exclui os outros? E Jesus condena ou, como os profetas, convida a um despertar espiritual, para sair de um ritualismo ronronante e sem coração? Lemos os textos tão rapidamente que os distorcemos. Consideremos a expulsão de Adão e Eva do Jardim do Éden. Teremos aprazível pesquisa, não encontramos menção a um pecado, nenhuma maldição contra eles, nenhuma cólera de Deus que, pelo contrário, cheio de misericórdia, oferece uma veste de pele às Suas criaturas saindo do *jardim de infância* para assumir sua vida adulta; não mais "maçã", mesmo que tenhamos herdado algumas falhas.

É possível identificar este *Ai de mim!* A um grito de dor sentido por Jesus, ao chamar sair da conduta considerada inaceitável no plano religioso.

O filósofo e exegeta Martin Buber (1878 – 1965) propôs um método original para a leitura dos textos bíblicos, encontrando a "palavra condutora"; aqui seria a palavra "hipocrisia" que etimologicamente se refere ao ator. Os fariseus e os escribas seriam apenas atores desempenhando seus papéis, mas sem autenticidade.

Este ataque à hipocrisia de alguns fariseus é encontrado no Talmud:

Rabi Joshua disse: 'Os excessos dos fariseus destroem o mundo'. Os sábios ensinaram (sobre este assunto): 'Há sete tipos de fariseus (pseudo justos) que corroem o mundo: 1) O fariseu de Siquém, 2) o fariseu automutilação, 3) o fariseu que se sangra, 4) o fariseu pilão 5) o fariseu diga-me minha obrigação para que eu possa cumpri-la 6) o fariseu por amor, e 7) o fariseu por temor'.

A Gemara explica:

O fariseu de Siquém; é aquele que realiza ações comparáveis à ação de Siquém (Gn 34), que aceitou ser circuncidado por um interesse pessoal após de ter abusado de Diná; da mesma forma, aquele que se comporta de maneira piedosa apenas para ser homenageado. *O fariseu automutilação*; é aquele que machuca os pés, enquanto caminha devagar, arrastando seus pés no chão para tentar parecer humilde. *O fariseu que sangra*; Rav Nahman bar Yitzhak diz: é aquele que fere sua cabeça contra as paredes porque andava de olhos fechados, ostensivamente, por modéstia. *O fariseu pilão*; Rabba bar Sheila diz: é aquele que anda curvado como o pilão de um almofariz para fazer afirmar sua humildade. *O fariseu diga-me minha obrigação para que eu possa cumpri-la;* não é um comportamento virtuoso? Não, porque ele quer mostrar que ele já cumpriu todas as *mitzvot* e procura obrigações suplementares. De que forma *o fariseu por amor e o fariseu por temor corroem o mundo*? Porque um realiza por amor à recompensa e o outro por medo de punições (Rashi: o homem deve servir a Deus por amor (Dt 6,5), e a recompensa virá). Rabi Judah disse em nome de Rav: 'Um homem deve sempre estudar a Torá e cumprir as *mitzvot*, mesmo de forma interessada, porque do interesse virá o desinteresse'. (TB ***Sotá* 22b**)

Vamos ler o comentário de Maimônides,[108] que ressoa surpreendentemente com as palavras de Jesus:

Alguns vangloriam-se de mostrar aos outros que se separam *(parush)* de más ações e vícios. Ficam afastados e isolados. No entanto é para um propósito interesseiro (hipócritas diria Jesus). [...] Eles acrescentam restrições a si próprios, são particularmente indulgentes a outros (que não são como eles) para obter favores (Jesus diria para conseguir o primeiro lugar). São esses excessos dos quais falam nossa passagem.

Considerando a passagem do *"porque"* para o *"quando"*, o que Jesus censura nesses fariseus que correm o mundo? A sucessão de *ais/hoys* revela a sua forma de como a Torá deve ser vivida.

Em primeiro lugar, a humildade (*anawa*) deve permanecer a virtude essencial de qualquer líder religioso. "O maior dentre vós será vosso servo. Quem se exalta será humilhado, e quem se humilha será exaltado" (Mt 23,11-12).[109]

Certamente quem pode reivindicar humildade, ao declará-la sobre si mesmo a pessoa a negará simultaneamente? A Torá afirma isto para Moisés (Nm 12,3), mas provavelmente nunca o soube.

Este movimento da consciência do "eu", *ani,* אני (em direção à sua anulação, sua permutação em "não-eu", *ain* אין, (constitui a questão virtuosa final. No processo místico, este movimento do ser para o não-ser

---
[108] M. *Sotá* 3,4.
[109] Por exemplo, a tribo de Levi foi criada para o culto do Templo, e colocada "ao serviço dos seus irmãos" (Nm 8,26).

é chamado *bitul hayesh* "anulação do existente", a fim de que o espaço vazio seja preenchido com a presença infinita de Deus.[110]

Como assumir no mesmo gesto a grandeza de uma função e a humildade? Esta pergunta é válida em todo lugar e a todo o momento. Ao colocar sua função, seu poder, a serviço dos outros. Grande tema de revelação sinaítica, que o profeta Jeremias 9,22 irá retomar em sua linguagem: ou seja, colocar a ciência, a força e a riqueza a serviço de Deus, ou seja, a serviço dos menores do que a si próprio. Sempre este tríptico: Deus dá ao Único, para que o Único dê ao Outro.

No caso contrário: quem quer que se exalte [à custa de outros] será rebaixado [do ponto de vista da verdade divina], e quem se humilha [em benefício de outros] será exaltado (do ponto de vista da verdade divina).

Esta declaração de Jesus ecoa, quase textualmente, no Talmud:

> "Quem se humilha, o Santo, bendito seja Ele, o exalta; quem se exalta, o Santo, bendito seja Ele, humilha-o. Quem busca honras, elas fogem dele; quem foge delas, elas o perseguem" (TB *Eruvin* 13b).

3.3.1 Fariseus hipócritas, hipocrisia farisaica

Esta preliminar nos oferece nossa chave de leitura, válida para todas as injúrias, tanto quanto um fôlego salvador para o diálogo judaico-cristão: sempre que nos Evangelhos, Jesus diz que "escribas e fariseus hipócritas", isso sempre significa que ele denuncia a hipocrisia de escribas e fariseus, não que ele apresente uma negação totalitária sobre todos os fariseus que, não nos esqueçamos, estão sentados, com legitimidade, na cadeira de Moisés.

Esta denúncia de hipocrisia é encontrada no Talmud quando o rei Alexandre Janeu declara à sua esposa Salomé Alexandra: "Não temais os fariseus nem os não fariseus, mas temei *os hipócritas que são como os fariseus*, que agem como Zimri e reivindicam o salário de Fineias" (TB *Sota* 22b).

Esta última passagem refere-se ao livro de Números 24-25, quando Zimri viveu junto com Cozbi, uma prostituta sagrada, em frente ao Baal Fegor, enquanto Fineias, por sua intervenção, recebeu o pacto de paz.

---

[110] *Zohar* II, 64 b: "Está YHWH entre nós ou o Infinito (**ain**)?".

Embora Mateus e os Padres da Igreja não partilhassem nossa leitura, por causa da *dobra polêmica*,[111] consideramos que Jesus criticou formas rigorosas de Judaísmo de sua época em favor de um Judaísmo aberto e esclarecido, (crítica aplicável ao Cristianismo e mais tarde ao Islã).

Estou feliz hoje em conhecer irmãs e irmãos cristãos que partilham, livremente, a nossa leitura, em vez de ficarem piamente ligados a leituras polêmicas.

Dito isto, ouçamos as denúncias de Jesus, de acordo com a pena de Mateus, resumidas pelas sete falhas de um farisaísmo austero e excessivo.

Fechamento do Reino dos Céus

V.13, Ai de vós, escribas e fariseus hipócritas, porque vós fechais aos homens o Reino dos Céus; não entrais nele por vós próprios, e não deixais entrar aqueles que querem entrar.

Duas vezes neste versículo: 1) A denúncia da hipocrisia que impede a entrada no Reino dos céus. 2) Os fariseus e escribas hipócritas que não entram no Reino, impedem aqueles que querem entrar nele.

Segundo a leitura clássica, Mateus denuncia os fariseus e escribas que, tendo autoridade sobre Jerusalém, recusam a reconhecer em Jesus a porta do Reino (e cujas chaves serão entregues a Simão/Pedro). Mas por que referir-se *à hipocrisia*? Será respondido que o evangelista usa um tom retórico lentamente elaborado e apenas a impressão geral conta; um artifício retórico para o argumento final.

Tudo bem, mas o termo "cego", como mais adiante, não seria mais adequado para tal uma retórica bem pensada? Vamos assumir que o próprio Jesus estabeleceu uma ligação entre a hipocrisia e a falta de acesso ao Reino dos Céus. Analisemos esta noção.

A hipocrisia refere-se, etimologicamente, à atuação do ator que imita sentimentos ou gestos que não correspondem a sua real personalidade. Os fariseus fariam o papel de religião como um ator interpretando seu papel. Funcionários de Deus valendo-se de dignos artistas!

---

[111] Rafael Drai. *Op.cit.* Essa leitura crítica permitia reler o Alcorão para o apaziguamento das relações entre muçulmanos e judeus. Cf. Meir Ben-Asher, *Les Juifs dans le Coran*, Ed. Albin Michel.

Mas a entrada no Reino dos Céus requer a verdade do coração, que já foi exigida por João, o Batista. Mas o que significa o Reino de Céus na época de Jesus? E podemos assimilar Realeza e Reino? Ou seja, como poderíamos entender esta mensagem *hiddush,* em renovação de significado, em novidade e fidelidade (nunca revogada)?[112] Em primeiro lugar a retroversão em aramaico ou em hebraico dá *Malkhuta debikhmaiá* ou *Malkhut shamaim.* O que designa essa expressão no primeiro registro escrito da tradição oral: a Mishná?[113] A unidade de Deus e o convite para amá-Lo.

Na verdade, a Mishná (*Berakhot* 2,2) fala explicitamente de *kabalat ol malkhut shamaim* "aceitação do jugo da realeza (ao invés de *reino*) dos Céus" no contexto do *Shemá Israel.* O *Shemá Israel* é o ato de fé do povo judeu, provavelmente recitado desde a liturgia do primeiro Templo, mas incontestavelmente à época do segundo.

Inicialmente, consistia em dois parágrafos da Torá: Dt 6,4-9 e Dt 11,13-21; em seguida, acrescentou-se um 3º parágrafo, Nm 15,35-41. O 1º parágrafo começa por proclamar a unidade de Deus: "Ouve Israel, YHWH (é) nosso Elohim (Deus), YHWH (é) o único". Ele continua com: "amarás YHWH, teu Elohim... ensinarás (a Torá) a teus filhos, e falarás sobre isso... E os escreverás nas portas de tua casa e nas portas (das cidades)."

Proclamação da unidade de Deus, então convite para amar a Deus (sem outro propósito senão esse amor).

Notemos que se o verbo "Escuta" está no imperativo, *vehaavta* "amarás" apresenta um passado futurizado pelo vav inicial.[114] Dito de outra maneira, cabe ao homem fazer este amor crescer dentro dele, um amor que o próprio Deus não pode impor *hic et nunc.* Mas como amá--Lo? Cumprindo, ao longo de sua vida, o estudo e ensinando a Torá e praticando as *mitzvot.*

No entanto, os fariseus estudam e praticam. O que falta, segundo Jesus, nesta falsa piedade para permitir a entrada no Reino? O que a tradição oral do segundo Templo nomeia "o temor (reverente) de Deus" e que se identifica com o amor de Deus.

---

[112] Como aliança bíblica (*berit*) que não revoga nunca um anterior.
[113] Escrito entre 200 e 220 EC sob a presidência de R. Yehuda Hanasi.
[114] O *vav* (ו) conversivo ou inversivo antes de um verbo no passado o transforma em futuro e vice-versa.

Essa identificação remonta a Antígona de Sukko (III séc. AEC) que ensina: "Não sejais como servos que servem ao mestre para receber uma recompensa, mas seja como servos que servem ao mestre sem esperar recompensa; e que o temor dos Céus esteja sobre vós" (*Abot* 1,3). Em outras palavras: servir a Deus por amor identificado com o temor dos Céus, mas não para ganhar uma medalha com isso.

Mesmo que a intenção mateana seja desviada, o propósito fundador de Jesus permanece consistente com a fé de Israel. O que impede o fariseu hipócrita para entrar neste Reino do amor de Deus, é precisamente a ausência do amor de Deus. Como poderia então ajudar os fiéis a entrar nele se ele não tiver as chaves?

Jesus aqui denuncia uma falsa piedade, a hipocrisia de um culto que consiste em recitar orações e cumprir as *mitzvot*, a fim de obter um benefício, seja neste mundo ou no mundo vindouro, enquanto o amor de Deus apela precisamente esse mesmo amor.

Se os mestres não derem o exemplo por uma correspondência entre seus ensinamentos e seus atos, entre interioridade e exterioridade (*tokho kebaro*), eles destroem o Judaísmo, profanam o nome de Deus, e o mundo não-judeu partirá ou vai zombar dessa bondade.

> Rabi Yohanan ensina: que significado dar ao versículo (Ml 2,7): "os lábios do *cohen* devem guardar o Conhecimento (*Daat*); de sua boca todos esperam a Doutrina (*Torá*), pois ele é um anjo do Eterno *Tsebaot*? Se o mestre parece um anjo do Eterno, buscai a Torá de sua boca, caso contrário, não. (TB *Moed Katan* 17a)

O Judaísmo que fala mais da *Realeza* e o Cristianismo que fala do Reino não se unem pelo ensinamento de Jesus? Apreciar-se-á igualmente a aproximação (sempre surpreendente) entre ensinamento evangélico e esta passagem talmúdica:

> Rabba ensina: 'Todo discípulo de um sábio [fariseu] cuja vida interior não corresponde a sua vida exterior é não [digno de ser chamado] um discípulo de sábio'.[115] Abayé[116] [...] ensina: 'ele é chamado *desprezível* e *corrupto*

---

[115] Ver também acima p. 126.
[116] Rabba e Abayê viveram na Babilônia no século 4º EC.

de acordo com Jó (15,16)': 'Não é ele um ser desprezível e corrupto, o homem que bebe iniquidade como água?'

Rashi: Água, símbolo da Torá, ele a bebe com suas iniquidades.

Rabi Yonathan costumava ensinar: '*Ai* para aqueles que odeiam os seguidores de sábios que se preocupam com a Torá, mas não possuem o *temor dos Céus*; e a respeito deles, Rabi Yannai disse: '*Ai* àquele que não tem o coração [o temor de Deus] e que constrói um portal [aprendendo a Torá]'. (TB *Yoma* 72b)

Parece que o temor do céu / amor de Deus constitui tanto uma preliminar para o estudo da Torá e à prática das *mitzvot* do que a sua finalidade. Assim, pode ser entendido em um contexto judaico a afronta de Jesus, denunciando um culto exterior, puramente formal, que não exclui que rabinos dignos foram luzes de virtudes e guias em Israel.

A viúva e a oração

Passemos ao segundo clamor de Jesus: a denuncia de uma distorção do ideal de tradição religiosa de Israel.

V. 14. *Ai de vós*, escribas e fariseus hipócritas, porque devorais as casas de viúvas, e fazeis aparentemente longas orações; por isso, sereis julgados mais severamente.

Temos aqui duas denúncias que, à primeira vista, não têm ligação entre eles: 1) Devorando as casas das viúvas, 2) As longas orações de ostentação.

Como seriam os fariseus hipócritas culpados para com as viúvas? Nós sabemos que a Torá apresenta quatro tipos de pobres: o órfão, a viúva, o levita e o estrangeiro, conforme o versículo sobre as festas de peregrinação:

E te alegrarás perante o Eterno teu Deus, tu, teu filho e tua filha, teu servo, tua serva, com o levita dentro de teus muros, o estrangeiro, o órfão e a viúva que moram em teu meio, no lugar que o Eterno teu Deus terá escolhido para nele fazer habitar o Seu nome. (Dt 16,11)

E Rashi comenta: "*O Levita etc.*: Quatro dos Meus enfrentando quatro de vocês: seu filho, sua filha, seu servo, sua serva. Se tu te alegrares os meus, alegrarei os teus".

Esses quatro indigentes são colocados sob a proteção divina, uma vez que não têm independência econômica, enquanto as crianças e servidores dependem da responsabilidade das famílias paternas. Observe que Rashi diz de Deus, o que Jesus dirá sobre si mesmo: o que você faz o menor (na escala social), você faz isso com Deus.

Acrescentemos que o salmista já apresentou Deus como "pai de órfãos e juiz [protetor] de viúvas" (68,6). Podemos, portanto, considerar que esta casa de viuvez representa um caso típico entre os pobres da sociedade judaica.

Na época do segundo Templo, especialmente após a vitória dos hasmoneus, os fariseus tinham estabelecidos tribunais (*beth din*) nas sinagogas ou mercados, para ensinar a lei, a *halakhá,* de acordo com seus critérios interpretativos.

Alguns tribunais favoreciam uma aplicação leve (Hillel), outros para uma aplicação severa (Shammai). É provável que Jesus testemunhou ou ouviu falar do infeliz reclamar de decisões desfavoráveis no plano econômico, daí sua ira saudável e santa.

Vamos imaginar que um entregador profissional perca sua carta de condução por excesso de velocidade, a perda de sua ferramenta de trabalho custaria muito mais do que a multa a ser paga. Vamos imaginar oficiais de justiça invadindo uma modesta família por falta de pagamento. Esses tristes exemplos abundam.

Aqui Jesus exorta à justiça social, sem corrupção, é claro, mas saber como encontrar circunstâncias atenuantes para os mais fracos. Assim, lemos no Midrash:[117]

> (Moisés é chamado) *Ish Ha-Elohim* "homem de Deus" (Dt 33,1): isto significa homem da lei divina [*Elohim* designando Deus em seu atributo de justiça], porque disse: 'A justiça deve perfurar a montanha' [sem concessão a

---

[117] *Tanhumá* na perícope *Hukat; Cho'her Tov* sobre Salmo 90, etc

ninguém]. Tal não era a atitude de Aarão *que amava a paz e buscava a paz*, e encontrou solução de acordo com as pessoas.

O segundo ponto, a oração ostensiva, retoma um tema do *Sermão da Montanha*: a denúncia de um culto de fachada. Ore para ser visto pelos homens ao invés de ser ouvido por Deus. Claro, é sobre orações indivíduais (*tefilat ya'hid*), não orações coletivas (*tefilat rabim*) do que a comunidade judaica recita junto e em coro.

Este ensinamento será corroborado pelo Talmud:

> Nossos sábios ensinaram: 'quem quer rezar irá direcionar seu coração para o céu [não para homens]'. E de acordo com Abba Saul um versículo nos ensina (Sl 10,17): *'Tu escutas o desejo dos humildes, Eterno, Tu estabelecestes seus corações, Tu lhes dás ouvido'*. [Sem atitude humildade diante do Senhor, Deus não ouve a oração]. Rabino Yehuda ensina: 'quando Rabi Akiba orava com a comunidade, ele fazia breve orações, para não impor longas liturgias. [Na época não havia livro de orações, mas o oficiante orava pouco ou muito de acordo com seu público].[118] Mas quando orava sozinho, muitas vezes se surpreendia [por discípulos] ao começar sua oração no um canto da sala para terminar em a outra extremidade, por causa de suas inclinações e prostrações'. (TB *Berakhot* 31a)

Embora as duas denúncias de Jesus sejam separadas, podemos conectá-los, pois mencionado no mesmo versículo.[119]

Jesus nos diria assim: Quando vês a viúva e o órfão, não multipliques as longas orações, mas aja concretamente para lhes encontrar comida, roupa e alojamento. Rabbi Nahman de Braslaw dirá o mesmo: em frente ao pobre, considera o Céu vazio, para te dizer: cabe a mim ajudá-lo!

Conversões

V. 15. *Ai de vós, escribas e fariseus hipócritas, para correr de um lado para o outro entre o mar e terra para fazer um prosélito; e, quando ele se torna um, fazeis um filho da Geena duas vezes mais que vós.*[120]

---

[118] Os círculos liberais e movimentos juvenis agiam assim.
[119] Princípio hermenêutico do *semichut* "justaposição textual".
[120] Encontramos a mesma expressão em TB *Yoma* 72 a: "Rava disse aos Sábios: 'eu vos imploro, não herdeis *duas vezes da Geena'*. [Pois estudando Torá sem veneração do Céu, não só não

O assunto da conversão continua a causar debate dentro do Judaísmo. Sem ser prosélito, (só o Cristianismo e o Islamismo o são), o Judaísmo pode acomodar crianças, nações. Este fato exclui a falsa concepção de um povo escolhido voltado para si mesmo. É suficiente ver todos os grupos étnicos no Estado de Israel para perceber isto.

Israel, através de seus profetas, foi a única testemunha do monoteísmo na Antiguidade. Idealmente, a vocação de Israel consiste em proclamar esta unidade divina à humanidade e as implicações éticas resultantes (fraternidade, justiça, responsabilidade, amor a Deus e ao próximo).[121] Quanto à prática das *mitzvot*, só se aplica a Israel, que pela sua aplicação, torna-se "realeza de sacerdotes" (Ex 19,5-6). Função de testemunho e obediência religiosa, portanto, sem maior superioridade sobre as nações (preciosas aos olhos do Criador), o que não proíbe o proselitismo.

Hoje esse papel caberia aos filhos de Abraão em colaboração fraterna, e não em uma competição exaustiva e sempre perigosa. Pelo menos essa é a nossa digressão utópica.[122]

Na época de Jesus, alguns mestres levavam a palavra da Torá nas comunidades distantes, às vezes através dos mares (Ag 2, 6; Is 24, 15; 1Mac 8, 23 e seguintes). Não judeus podiam ser seduzidos por esta fé, e ansiosos para integrar o povo de Israel. Além disso, o tratado *Pessahim* (87b) afirma: "Rabi Eleazar ensina: 'O Santo, Bendito seja Ele, não espalhou Israel entre as nações apenas para fazer convertidos, como é dito (Os 2,25): Eu a plantarei (a semente de Israel) para Mim na terra'. Será que um homem planta uma medida para tirar a mesma medida ou para aumentar?" [123]

O rabino Eleazar oferece uma visão otimista de exílio que é menos uma punição divina aos israelitas pela infidelidade de Israel do que uma promoção do Judaísmo no meio dos idólatras.

De fato, existiam dois tipos de conversões: conversão ao monoteísmo e a sua moralidade universal (as 7 leis de Noé),[124] e conversão

---

herdareis o mundo vindouro, mas mesmo neste mundo vades viver na Gehenna, pois passareis vosso tempo estudando sem fé genuína]".
[121] Elie Benamozegh, *Israël et l'humanité*. Ed. A. Michel.
[122] Cf. Em nosso *Israël j'ai fait un rêve*. Atelier.
[123] Em paralelo com a parábola dos talentos.
[124] Elie Benamozegh, op.cit.

ao Judaísmo com aceitação da prática dos mandamentos. Os primeiros tornaram-se "tementes a Deus" (Sl 118,4; At 10,2), estes últimos tornaram-se judeus de pleno direito. A questão ainda hoje relevante, dizia respeito à recepção de candidatos.[125]

A questão colocada no Evangelho diz respeito "ao serviço pós-venda". O que se ensina a esses novos "migrantes"?[126]

Começa-se pelas bases da fé de Israel, a Torá, a Profetas, os Salmos ou diretamente pelas regras meticulosas do permitido e proibido, do puro e impuro, do obrigatório e opcional, dependendo da interpretação cuidadosa farisaica.

Lendo esta passagem, encontro-me no coração dos debates da comunidade judaica contemporâneo, entre *ortodoxos* e *liberais*.

Ora, cada novo arrependido, cada novo convertido ao Judaísmo (o mesmo para o Cristianismo e Islamismo), traz consigo o zelo e o ardor de sua fé. Sem ser canalizado, pode resultar em excesso, mesmo violência verbal ou pior. Aqui tudo depende do mestre: ensina com amor, benevolência, ou transmite os germes de seu fechamento de espírito, mesmo de seu ódio? Assim ouvimos "o dobro de si", ou seja, que o novo convertido, querendo imitar seu mestre, tentará fazer o dobro ou pela virtude, ou pela agressividade.[127]

Esta Geena que aguarda o mestre hipócrita, Rabbi Eleazar a menciona no Talmud:

> Todo hipócrita herdará a Geena, segundo o versículo de Isaías (5,20-24): 'Ai daqueles que chamam o mal de bem e o bem mal; que transformam as trevas na luz e a luz nas trevas; que tornam o amargo em doce e o doce em amargo. Ai daqueles que são sábios aos seus próprios olhos e inteligentes em sua face. Ai dos corajosos que bebem o vinho e os valentes que misturam as bebidas fortes; que inocentam os ímpios por um presente

---

[125] Ver p. 66: Shamai, Hillel e o prosélito
[126] "Migrante" vem da raiz *guer* "ficar" que tradicionalmente designa o convertido. Surpreendentemente converter, em hebraico, significa assumir a condição de uma estranheza no mundo (Gn 23,4; 47,4; Sl 119,19; Jo 18,36): "meu Reino não é deste mundo".
[127] Relativamente à sentença de R. Abahu (TB *Berakhot* 34 b): "Onde os arrependidos estão, mesmo os perfeitamente justos não podem permanecer", meu mestre Rav Shushana (que sua memória seja bendita) ensinou: "às vezes os arrependidos são tão excessivos que mesmo os perfeitamente justos já não reconhecem sua própria tradição".

corruptor e negam a justiça aos justos. Também, assim como uma língua de fogo devora a palha, como grama seca desaparece na chama, assim sua raiz será reduzida a apodrecer, e sua flor será varrida como pó porque rejeitaram o Ensinamento (Torá) do Senhor Tsebaot, e desprezaram a palavra do Santo de Israel'. (TB *Sotá* 41b)

Lembremo-nos de que os profetas nunca mencionaram o céu ou o inferno para situações *post mortem*. Sua única preocupação era o aperfeiçoamento moral e espiritual da sociedade e o serviço desinteressado de Deus (o amor de Deus por Si próprio). Para eles, as consequências da injustiça e do mal levavam à destruição da sociedade pelo *afastamento* da providência Divina. As noções de paraíso e Geena se desenvolverão após o retorno da Babilônia, e ainda mais durante a guerra contra os gregos no 2º século AEC.

Para voltar a Jesus, o que ele denuncia aos nossos olhos por "hipocrisia" (essa é a palavra certa aqui? porque os fariseus permaneceram fiéis a si mesmos), sublinha a falha pedagógica dos mestres. Ele observou que a formação começava pelo fim: aceitação do jugo das *mitzvot*; em vez de começar pelo início: a aceitação do jugo da realeza divina (Cf. a 1ª invectiva).

No entanto, essa abordagem pedagógico-espiritual é claramente mencionada na Mishná (*Berakhot* 2,2): "Rabi Joshua ben Korha ensinou: 'por que o 1º parágrafo do *Shemá Israel* foi colocado antes do segundo? Pois o homem deve primeiro aceitar *o jugo da realeza dos Céus,* então *o jugo mitzvot'* (objeto do segundo parágrafo)".

Compreendamos que isso não é simples arranjo de textos, mas de uma abordagem profundamente toraica. Então, por que a Torá começa com as histórias de Gênesis, antes de apresentar a lei mosaica (Ex 12,2 e ss), exceto para ensinar a fé no Deus dos patriarcas? As *midot* (virtudes) com as *mitzvot* (mandamentos)! Infelizmente, o excesso de ortopraxia acabou confundindo o temor (reverencial) de Deus e o medo do código ritual. Eis algumas *lamentações de Jesus*, que partilhamos.

Para ele, "aquelas corças que deixaram seus prados largos para se juntar ao pequeno rebanho de Israel" (Midrash Ruth) merecia um ensinamento digno de Abraão, encarnação de bondade, 1º apóstolo do único Deus, que converte idólatras apenas por sua exemplaridade.

No entanto, iria nos faltar objetividade histórica se não nos lembrássemos de muitos (novos) cristãos que eram (e continuam a ser) igualmente zelosos seguidores intransigentes de Cristo.

E quantos processos contra o Judaísmo, seguidos de *autos da fé*, queima de livros ou pessoas, foram liderados por aqueles que afirmavam ser discípulos de Jesus, e às vezes do Judaísmo! Alguns lugares cristãos permanecem, deste ponto de vista, bem entristecidos...

Os guias cegos

V.16-22:

Ai de vós, guias de cegos, que dizeis: Se alguém jurar pelo Templo não é nada; mas, se jurar pelo ouro do Templo, está comprometido. Insensatos e cegos, o que é maior, o ouro ou o Templo que santifica o ouro? Se alguém, diz, jurar pelo altar não é nada; mas, se jurar pela oferta que está no altar, ele está comprometido. Cegos, o que é maior, a oferta, ou o altar que a santifica? Quem jura pelo altar jura pelo altar e por tudo o que está sobre ele; aquele que jura pelo Templo jura pelo templo e por Aquele que ali está; e quem jura pelo céu jura pelo trono de Deus e por Aquele que ali está sentado.

A diatribe aqui se torna mais técnica. Entendemos que o adjetivo *hipócrita* não existe aí. Do que se trata? De uma legislação de voto (*neder*), já mencionada acima.

Em primeiro lugar, é verdade que a tradição farisaica elaborou toda uma jurisprudência de voto e do juramento que vão muito além do quadro toráico, especialmente Nm 30,2-10.

Aqui estão dois exemplos:

Se dissermos: este alimento será considerado como um sacrifício diário; como animais consagrados ao Templo; como a madeira do altar; como os fogos do altar; como o altar, como o santuário, ou como Jerusalém; isso é considerado como um voto. (*Nedarim* 1,3)
Se alguém jurar em nome do Céu e da Terra, esta pessoa está livre [do seu compromisso, pois os Céus e a terra não podem ser substitutos de

Deus],[128] mas por um dos nomes ou atributos divinos, então essa pessoa está comprometida. (*Shavuot* 4,13)

Mas se trata de uma jurisprudência *de jure* ou *de facto*? Será que os rabinos, *a priori,* queriam tornar as formulações mais complexas, ou então se encontravam diante de palavras que definiam como comprometidas ou não?

A partir de sua experiência do Talmud e da vida judaica, os mestres muitas vezes tinham que responder a perguntas concretas, dependendo das pessoas, lugares, tempo e culturas. Levando a sério cada detalhe da existência, porque "Deus também se encontra nos detalhes",[129] eles acabaram por desenvolver um código de votos e juramentos.

Quanto ao *logion* citado por Jesus, não é encontrado em nenhuma fonte talmúdica ou midráshica.

Mesmo supondo que não foi adicionado por Mateus por um espírito polêmico (que cristão se atreveria a se aventurar nas 6.000 páginas do Talmud?), seria um debate moral que não foi retido pela Mishná.

Basicamente, esta diatribe reflete, sobretudo, o espírito de Jesus sobre o voto e o juramento. Em primeiro lugar, evitá-los, de acordo com as Deuteronômio 23,23, preferindo "que o seu sim seja sim, e que o seu não seja não" (Mt 5,37), ou seja, que um sujeito consciente pense sempre antes de se comprometer, porque senão ele pode voltar atrás.

Se Jesus enfatiza essa consciência perante Deus, em qualquer circunstância, seremos mais indulgentes aqui para com esses fariseus que tiveram que lidar com situações às vezes complexas de compromisso e de descomprometimento. Jesus estaria (sempre) do lado do ideal, e os fariseus do lado do pragmatismo.

Claro, ainda temos os apelidos muito duros de "guias cegos ou tolos", enquanto o próprio Jesus condena o insulto até à Geena (5,22).

---

[128] O primeiro versículo da Torá ensina que os céus e terra não são Deus, mas criações de Deus.
[129] Segundo o arquiteto Ludwig van der Rohe (1886 – 1969). N.T: "Ludwig Mies van der Rohe (Aachen, 27 de março de 1886 — Chicago, 17 de agosto de 1969) foi um arquiteto alemão naturalizado americano, considerado um dos principais nomes da arquitetura do século XX, sendo geralmente colocado no mesmo nível de Le Corbusier ou de Frank Lloyd Wright. é famoso pelas várias frases criadas por ele, algumas delas são conhecidas praticamente no mundo todo, como é o caso das frases "less is more " ("menos é mais") e "God is in the details" ("Deus está nos detalhes").

Ele queria retomar o tom dos profetas? Ou é o zelo excessivo do evangelista que por excesso de amor a Jesus não conduz ao "amor dos inimigos" defendido pelo nosso Rebe? Questão aberta...

Ritos e Virtudes

V. 23 e 24. *Ai* de vós, escribas e fariseus hipócritas, porque pagais o dízimo da hortelã, do endro e do cominho, mas desprezais o que é o mais importante da Lei: a justiça, a misericórdia e a fidelidade: eis o que é preciso praticar, sem descuidar das outras coisas. Guias cegos, coais um mosquito, mas engolis um camelo.

Voltar à hipocrisia em relação à outra *mitzvá* da Torá: o dízimo (*maasser*). Na verdade, a Torá oferece toda uma série de taxas sobre os bens (cereais, frutos, rebanhos) destinados aos levitas e aos sacerdotes consagrados ao Templo; e também aos necessitados, independentemente de outros mandamentos relativos à colheita (por exemplo Lv 19: canto dos pobres, respiga, etc)

Eis aqui algumas fontes toráicas:

O Eterno disse a Arão: 'Eu te entrego o cuidado de minhas taxas: Eu te dou todas as coisas consagradas pelos israelitas, como a parte que [é destinada a ti e a teus filhos por direito perpétuo. [...] Eis aqui para ti a taxa de tuas doações e de todas as oferendas [...], dou-os a ti, e a teus filhos e a tuas filhas contigo, por direito perpétuo [...]. O melhor do azeite, do vinho e do trigo, as primícias que eles oferecem ao Eterno, dou-os a ti. Serão tuas as primícias de todos os produtos da terra, que eles levarão ao Eterno; [...] Todo primogênito de qualquer ser vivo oferecido ao Eterno, tanto de homens como de animais, será teu'. (Nm 18,8-15)

O Eterno disse a Moisés: 'Falarás aos levitas e lhes dirás: Quando receberdes dos filhos de Israel o dízimo (1/10) que vos dou como vossa herança, da parte deles, tirareis uma taxa para o Eterno, isto é, o dízimo do dízimo [os próprios levitas levaram o dízimo para os sacerdotes]. Esta taxa será considerada para vós como se fosse o trigo da eira ou vinho do lagar. Assim também retirareis a taxa do Eterno débito direto do Senhor, de todos os dízimos que receberdes dos filhos de Israel; e prestareis esse tributo do Eterno ao pontífice Aarão'. (*Idem* 25-28)

Tu não poderás comer em tuas cidades o dízimo do teu trigo, do teu vinho, do teu azeite, os primogênitos de teu gado nem do teu rebanho, os presentes que ofereceste como promessa, aquelas tuas oferendas voluntárias ou as tuas contribuições. Mas tu as consumirás na presença do Eterno, teu Deus, no lugar escolhido por Ele, tu, teu filho e tua filha, teu servo e tua serva e o levita que mora em tuas cidades. E [e só então] te alegrarás perante o Eterno teu Deus com todos os teus bens. Guarda-te de desemparar o Levita, enquanto viveres em tua terra. (Dt 12,17-19)

Tu darás o dízimo do produto de tua semente, o produto anual do teu campo. E tu o comerás perante o Eterno, teu Deus, no lugar que Ele escolheu para habitar em Seu nome: o dízimo de teu trigo, do teu vinho e do teu azeite, e os primogênitos do teu gado e do teu rebanho, para que aprendas a temer sempre o Eterno teu Deus, todos os dias. Se, porém, o caminho for longo demais anseio para ti, não possas levar o dízimo, porque fica muito distante o lugar que o Eterno, teu Deus, te houver indicado, trocarás o dízimo por dinheiro e, levando contigo o dinheiro, irás ao lugar escolhido pelo Eterno, teu Deus. Empregarás o dinheiro na compra de qualquer coisa que desejares: gado grande ou pequeno, vinhos ou licores, dependendo do teu coração clamará, e o consumirás ali, perante o Senhor teu Deus, e tu regozijarás, tu e tua casa. Mas o levita que estará dentro de tuas cidades, tu não o negligenciarás, porque não tem parte nem patrimônio como tu. E no final do terceiro ano tu deverás retirar todo o dízimo de teus produtos deste ano e tu os depositarás dentro de seus muros, para que o levita - que não tem parte nem patrimônio como tu - o estrangeiro, o órfão e a viúva que estão dentro de tuas cidades, venham comer e se fartarem; assim o Eterno, teu Deus, te abençoará em toda obra que tua mão fizer. (Dt 14,22-29)

A partir desses textos, a tradição oral (fariseana) deduziu certo número de taxas:

a) *A Terumá*: 1/50 da colheita para os sacerdotes.
b) O Dízimo: 1/10 da colheita para levitas.
c) *O Dízimo do dízimo*: 1/10 da parte dos Levitas para sacerdotes.
d) *O 2º Dízimo*: 1/10 da colheita após as 2 primeiras coletas. Este 2º dízimo era comido no Templo com os levitas, mas no 3º e o 6º ano, era oferecido a todos pobres (daí seu nome *Dízimo do pobre*).

A que espírito respondia essas imposições? Três ideias principais:
1. "Ao Eterno pertence a terra e tudo o que nela existe" (Sl 24,1). Do topo das montanhas às profundezas da terra e mares, toda a criação procede do único Deus. O homem reconhece que ele é apenas um estranho na terra (Gn 23,4; Sl 119,19).
2. Praticar uma justiça social dos ricos para os pobres, para fazer circular a bênção de Deus uns para os outros.
3. Responsabilizar o cidadão para que "se teu irmão vier a cair, se tu vires arruinar sua fortuna, lhe apoie, seja ele estrangeiro e recém-chegado, e que ele possa viver contigo" (Lv 25,35).

Todas estas regras fazem parte do quadro da *tsedaká* (feminino de *tsedek*) e do *mishpat*, "o caminho de Deus" de acordo com Gn 18,19.

Se o *tsedek* designa o direito civil, o dos tribunais, e é combinado com o *mishpat*, julgamento na verdade, a *tsedaká* abrange mais amplamente a justiça caritativa proveniente da boa vontade dos cidadãos. Todos esses gestos econômicos expressavam (ou deveriam expressar) de maneira concreta, *com moedas sonoras e de tropeço*, a fé dos hebreus, e depois a dos judeanos.

Voltemos agora à invectiva de Jesus: o que é que ele reprova? A extensão das regras das taxas a elementos que possam parecer insignificantes: "hortelã, endro e cominhos", especiarias que são de fato mencionadas na Mishná dedicada ao Dízimo (*Maaser* 1,6)? Em vez disso ele defende a prática da justiça, da misericórdia e da fidelidade. Provavelmente ele se refere ao profeta Zacarias (profeta do regresso) que declara (7,9-11): "Assim diz o Eterno Tsebaot: 'Julgai conforme a verdade (*emet*) e exercitai a caridade *(hesed)* e a misericórdia (*rahamim*). Não oprimais a viúva e o órfão, o estrangeiro e o pobre [que aqui substitui Levita]; e ninguém trame o mal no coração contra seu irmão'".[130]

Com todo o respeito devido a Jesus, todos esses detalhes da prática religiosa, mesmo as especiarias, não podem transmitir dimensões éticas? Devemos sistematicamente ridicularizar os fariseus?

Mesmo que não pratiquemos pessoalmente este grau de meticulosidade das taxas, não vemos como esses exageros seriam tão condenáveis? Não é uma forma de grandeza vislumbrar o rosto do outro até nos

---
[130] E também Os 4,1 e Mq 6,8.

detalhes de uma cozinha, para fazer a Presença divina residir na hortelã, no endro e no cominho? E de acordo com um Midrash (TB *Meguilá* 31 a): "R. Yohanan ensina: 'onde você encontra a grandeza do Santo, bendito seja Ele, lá encontras sua humildade'".

No entanto, uma leitura cuidadosa revela que Jesus não condena estes rituais. Ouçamos sua resposta: "Isto é o que devemos praticar (as virtudes), sem negligenciar as outras coisas (as taxas)".

Mais uma vez, Jesus teme que a tecnicidade do ritual e a procura de detalhes não façam esquecer os princípios fundamentais da ética monoteísta: a justiça, a misericórdia e a fidelidade/verdade. Encontramos não a condenação do rito, mas a preocupação com um ensinamento onde o significado do gesto seria justificado tanto pelo amor de Deus como pelo amor de próximo.

Sem dúvida, *nosso Rabbi* gostaria que estudássemos e cumpríssemos mais as palavras dos profetas do que a jurisprudência de uma página talmúdica. Assim pode ser entendida a cegueira aqui mencionada, à maneira do Provérbio chinês: "Quando o sábio mostra a lua, o tolo olha para o dedo". Cegueira viria dos olhos muito próximos do texto, e pouco atentos a um mundo a ser consertado (*tikun olam*).

Jesus repetirá incansavelmente sua lição no mesmo tom. Isto não exclui o fato de, entre profetas e ele, haver mestres que não defendiam também a ética antes das obras, basta consultar o tratado dos Padres (*Abot*).[131]

Citemos aqueles que viveram antes de Jesus.

> Simão, o justo, um dos últimos membros da *Grande Assembleia* (fundada por Esdras) ensina: 'o mundo repousa sobre três pilares: a Torá, a Oração e boas ações'. Yossi filho de Yoezer ensina: 'que tua casa esteja amplamente aberta e que os pobres sejam os filhos de tua casa'. Shemaya ensina: 'Ama o trabalho e odeia o poder religioso, e cuidado com os governantes' (Mesmo o severo) Shamai ensina: 'acolhe todo homem com um bom semblante. (Mas deixemos a palavra final para) Hillel, que ensina: 'Sede discípulos de Abraão, amai a paz e buscai a paz'. (*Abot* cap. 1)

---

[131] Como os *Padres* da Igreja, os mestres do segundo Templo foram assim chamados por seus seguidores.

Constatemos que a preocupação ética trabalhava também os mestres, e não apenas os detalhes rituais. O Talmud, seguindo o Mishná, irá reafirmar o lugar desta ética em relação à prática das *mitzvot*.

Rabi Simlai ensina: 613 mandamentos foram dados a Moisés, 365 "não farás", de acordo com o número de dias de um ano solar, e 248 "tu farás", de acordo com os órgãos do corpo humano (da medicina talmúdica). Davi os reduziu a 11, como diz (Sl 15): Ó Eterno, quem habitará na tua tenda? Quem habitará na Tua montanha de santidade? 1) Aquele que anda com integridade, 2) pratica a justiça, 3) fala a verdade do seu coração. 4) não calunia e 5) não faz mal ao seu semelhante, 6) nem traz reprovação a seu vizinho. 7) se afasta daquilo que é desprezível, mas, 8) honra os tementes a Deus. 9) não volta atrás, se jurou em seu prejuízo 10) Não empresta por juros e 11) não aceita nenhum presente contra os inocentes. Isaías os reduziu a 6, como se diz (33,15): '1) Aquele que anda na justiça, 2) fala retamente, 3) recusa o lucro da violência, 4) aperta a mão para recusar os presentes, 5) fecha os ouvidos às palavras sanguinárias, 6) fecha os olhos para não se entregar ao mal'. Miquéias reduziu a 3, como se diz (6,8): 'Homem, foi-te ensinado o que é bom, o que o Eterno te pede: 1) praticar a justiça, 2) amar a bondade e 3) caminhar humildemente com teu Deus'. Habacuc os reduziu a 1, como diz (2,4): 'mas[132] o justo viverá segundo a sua fidelidade'. (TB *Makot* 23b)

Esse tipo de texto mostra que a tradição rabínica estava igualmente preocupada com a questão do rito e da ética; e finalmente entre as *mitzvo*t e as *midot*, estas últimas prevaleceram.

Neste espírito, a imagem da mosca e do camelo torna-se eloquente, primeiro por causa do possível trocadilho em aramaico entre *kalmá* קלמא, verme, mosquito *e gamlá* גמלא, camelo; mas, sobretudo, para nos advertir contra a busca de detalhes por detalhe, ou discussão por discussão, esquecendo o sopro de esperança cujo gesto seria veículo.

A porta permanece sempre estreita entre uma religião ritualista e retraída, e uma fé que move montanhas.

---

[132] O vav também tem um sentido de oposição.

O interior e o exterior

V 25 e 26. *Ai* de vós, escribas e fariseus hipócritas, porque limpais o exterior do copo e do prato, mas o interior está cheio de rapina e de intemperança. Fariseu cego, limpa primeiro o interior do copo e do prato, para que o exterior também se torne puro.

Duas partes nesta invectiva: a primeira contra os escribas e fariseus, a segunda apenas contra o fariseu. Jesus usa uma imagem da *halakhá*: a purificação de pratos. Na época do Templo, se um objeto entrasse em contato com um cadáver, uma carniça (naqueles tempos antigos, a vida e a morte esfregavam os ombros mais frequentemente), ele se tornava impuro. Aplicava-se então uma cerimônia de purificação. As leis de pureza e impureza (já mencionada no Torá) constituem 1/6 de toda a Mishná, e a sua parte mais volumosa, por causa de todos os detalhes.

Podemos ver nela tanto as primeiras legislações sanitárias e higiênicas (que a medicina irá mostrar ao longo dos séculos), bem como princípios metafísicos para separar a vida da morte, como a separação da luz e escuridão.[133]

Em análise, uma profunda sabedoria se esconde nesses ritos arcaicos,[134] desde que sejam vistos como uma libertação, não uma obsessão. É aqui que o discurso de Jesus se torna enérgico: qualquer purificação de objetos externos ao homem deve retornar à purificação interior, à aniquilação das pulsões mortíferas: o roubo e a maldade (alusão à geração do dilúvio ou de Nínive? Gn 6,11; Jo 3,8).[135]

Mais uma vez Jesus não parece condenar os ritos de purificação. Ele não dirá ao leproso curado para que se apresente ao padre (Mt 8,4)? Jesus sabe que o rito (seja qual fora a religião) não protege contra os desvios e maldades; isso não significa que o rito seja inútil e desnecessário.

Ao dirigir-se ao final do versículo, no singular, ao fariseu, Jesus nos lembra que tudo depende a boa vontade de cada pessoa, e não dos gestos mecânicos ou de um milagre do céu.

---

[133] Explica-se assim a separação entre o leite (alimento da vida) e a carne (proveniente de um animal morto).
[134] Gilles Bernheim, *Les Souci des autres* com os outros, Calmann-Lévy: o puro e o impuro. Catherine Chalier, *Pureté, impureté. Une mise à l'épreuve*. Bayard.
[135] Um ensinamento paralelo é encontrado na Tradição relativa à limpeza Pessah (Páscoa), que consiste em remover todos os vestígios de pão levedado (*hametz*) e que é entendido também como o trabalho interior de purificação do próprio coração.

Sepulcros caiados

V. 27 e 28. Ai de vós, escribas e fariseus hipócritas, porque sois como sepulcros caiados, que parecem belos exteriormente, mas que por dentro, estão cheios de ossos de mortos e de toda a espécie de impurezas. Assim também vós, exteriormente, pareceis justos para os homens, mas por dentro estais cheios de hipocrisia e de iniquidade.

Esses dois versículos retomam e amplificam a crítica anterior: o exterior apresenta uma bela aparência, mas o interior esconde pensamentos sombrios. Temos a impressão de que Mateus procura um argumento adicional para alcançar o número simbólico de sete. Mas para evitar redundância, ele passa para um nível superior: se o sexto *Ai* referia-se aos utensílios de alimentação e, portanto, à vida, aqui a referência aos sepulcros caiados evoca a morte. O fariseu arrogante não é apenas um hipócrita, mas um esqueleto, um zumbi, na frente de uma comunidade inocente e enganada que não sente a peste.

Por que sepulcros caiados? O Salmo 5 oferece uma imagem de espelho. Aqui o poeta retrata o homem cheio de malícia e maldade, e no v. 5: "Pois em sua boca não há justiça; seu coração (sonha com) ruínas. *Sua garganta é um sepulcro aberto*, [embora] que eles tornam suave sua língua".

A imagem se amplifica quando se soube que na época do Segundo Templo, os delegados do Templo recobriam os túmulos com cal branca (Mishná *Maasser Sheni* 5,1)[136] que levavam a Jerusalém, para que os peregrinos guardassem sua distância e não se tornassem impuros com seu contato. Em outras palavras, esses hipócritas parecem mostrar boas intenções na vida, mas em seu núcleo interior reinam a morte e a impureza.

Note-se que aqui novamente Jesus reconhece a lei de impureza, da Torá, e em nenhum momento ele questiona essa realidade metafísica: os ossos tornam-se impuros, os cadáveres tornam a pessoa impura, mas acrescentando que o ensinamento hipócrita se torna igualmente impuro.

A impureza é encontrada entre os mortos quanto pode ser encontrada entre os vivos que traem a esperança de Deus. Nós teremos que tirar conclusões de tudo isto, mas sigamos em frente no sétimo e último clamor.

---
[136] R. Obadia de Bertinoro (16º século EC): "branco como cor do esqueleto".

Assassinos de profetas

Ai de vós, escribas e fariseus hipócritas, porque vós construís os túmulos dos profetas e adornais sepulcros dos justos, e dizeis: Se tivéssemos vivido no tempo de nossos pais, não teríamos nos juntado a eles para derramar o sangue dos profetas. Assim testemunhais contra vós mesmos que sois *os filhos* daqueles que mataram os profetas. Preencheis, portanto, a medida de vossos pais. Serpentes, raça de víboras! Como escapareis vós do castigo da Geena?

Aqui o Jesus mateano dá o golpe mortal: os escribas e fariseus, além de serem impuros por seus maus pensamentos, tornam-se "assassinos de profetas".

Antes de qualquer coisa, Jesus evoca uma prática frequente de seu tempo: a construção de estelas e o ornamento dos túmulos dos reis, dos profetas e dos justos (flores, luzes noturnas ou tecidos bordados). Hodiernamente, os túmulos de alguns grandes santos e rabinos são visitados por centenas de peregrinos, que todos os anos, vêm se reunir e rezar na data de sua *hillula* ('casamento' com o céu). Este gesto pode ser interpretado como expressão de fé popular ou devoção a Deus perante o corpo ainda "vivo" do justo, pois "os justos são chamados vivos mesmo em sua morte".[137]

Mas Jesus vê nisto uma intenção mais perversa: os fariseus hipócritas querem ser inocentes do sangue derramado por seus ancestrais que foram tão longe a ponto de matar (ou querer matar) seus profetas. Moisés já o declarara: "um pouco mais e me teriam apedrejado" (Ex 17,4). Em outras palavras, além dos fariseus, já seria o povo judeu em seu todo que teria recusado a mensagem profética, dadas suas longas infidelidades.

Aqui, através de um jogo de identificação, Jesus acusa os fariseus de serem os filhos dos assassinos de profetas e, portanto, da mesma veia. O jogo de identificação usa do trocadilho *baná* "construir" e *ben*, *benê* "filho". A culpa se transmite assim, não pela criação, mas pela reprodução dos mesmos comportamentos.

---

[137] Midrash *Yalkut Shimoni* sobre Reis.

Certamente o profeta Ezequiel (cap. 18) tinha recusado esta concepção, proclamando a responsabilidade individual perante de Deus, mas Jesus provavelmente se refere ao Decálogo (Ex 20,4) que afirma que Deus "lembra (e não *pune*) a falta dos pais sobre os filhos até terceira e quarta geração para aqueles que Me odeiam".

A contradição, no entanto, pode ser resolvida assim: se os filhos se conscientizarem da culpa dos pais e deixarem de reproduzi-la, são totalmente inocentes; no entanto, se eles continuarem a "odiar" o Eterno, na extensão dos pais, então Deus "lembra-se". Este poderia ser o argumento mateano, embora o Decálogo fale apenas de quatro gerações.

No entanto, será que o argumento se mantém no nível moral? Vamos culpar o governo espanhol, que incentiva o retorno dos judeus sefarditas de serem os herdeiros dos Inquisidores? Vamos culpar os alemães que construíram Museus da Shoá, de serem nazistas? Por que julgar negativamente os fariseus retirando-lhes a sua presunção de inocência?

A única resposta válida se encontra na lógica mateana: os fariseus negam a Jesus o título de profeta, enviado por Deus, (embora em nenhum momento os *Ais* mencionam a messianidade de Jesus), e assim eles se recusam a ouvir sua mensagem. Eis porque eles se parecem com seus pais e serão punidos da mesma maneira. Ao carregar o impulso por "serpentes e raça de víboras" – imagens dos répteis tentadores e venenosos – Mateus define o clímax da diatribe, seu ponto mais alto, reenviando o leitor às primeiras palavras de João Batista (Mt 3,7). O círculo está completo!

Qual a salvação para estes fariseus trespassados com tantos nomes, se eles não querem acabar no inferno? Reconhecer Jesus como um profeta? Aceitar seu ensinamento, acolher bem a seus discípulos? Mateus acrescentaria: reconhecer a messianidade de Jesus.

3.3.2 Conclusão de Mt 23

Diante do peso das palavras – 'hipócritas, guias de cegos, tolos e cegos, filhos da Geena, filhos de assassinos de profetas, sepulcros caiados, víboras, raça de serpentes" - semelhante a uma chuva de flechas, o leitor judeu (e cristão) pode se sentir totalmente desanimado.

É certo que se trata de uma construção literária, diferente daquela de Lucas, mas que vigor!

O fariseu nas cordas continua a levar as surras. Todos os fariseus, todos os escribas, sem exceção, pelo fato de pertencerem esse agrupamento, seriam tão pervertidos para serem sobrecarregados com todos estes males? Ao ponto de receberem a acusação de homicídio desde Abel até ao profeta Zacarias, filho de Joiada (Mt 23, 35)?[138]

O farisaísmo levaria o crime de Caim, e o rabinismo não seria apenas hipocrisia, mentira e cegueira? Muito!

Não faria o messias de todo o mundo justiça?

---

[138] O copista mateano cometeu um erro ao citar "filho de Beraquias" (Zc 1,1), que viveu na época do segundo Templo, e o "filho de Joiada" que foi executado por ordem do rei Joás (2Cr 24,20-22) na época do Primeiro Templo.

Conclusão

Fariseus e Fariseus

No final deste estudo, que não é exaustivo, mas que esperamos que seja significativo, o que podemos concluir, inicialmente sobre a relação entre Jesus e os fariseus?

Mostramos nas nossas várias obras, os muitos pontos de convergência entre ensinamentos de Jesus e os dos Rabinos, mais tarde registrados na Mishná, no Talmud e no Midrash. Notemos que este "tardiamente" não significa que estes ensinamentos tenham surgido *ex nihilo*. Os ensinamentos apareceram ex *nihilo* nos escritos dos rabinos, mas que as tradições orais (algumas das quais anteriores a Jesus) estavam a circular, e que foram anotadas após a destruição da Judeia, para salvá-las do esquecimento.

Estes pontos de convergência significam, para nós, que a preocupação de Jesus se identificava com as preocupações da maioria dos fariseus que deu origem ao Judaísmo rabínico após a destruição do Segundo Templo em Jerusalém. Tratava-se de utilizar a Lei da Torá de Moisés, que era demasiada geral ou por vezes demasiada severa, para adaptá-la às circunstâncias da época (que continua a ser uma preocupação para o Judaísmo contemporâneo).

Mas ao contrário do *Judaísmo de Jesus*, portador de uma só voz (e também de uma só via), os rabinos tinham cultivado muito cedo a arte do debate (*makhloket*), com a condição de que seja engajado em nome do céu (*leshem shamaim*).

Retomemos estas duas citações fundadoras: "Qualquer discussão iniciada em nome dos Céus irá manter-se. Qual é o tipo de *makhloket* em nome dos Céus? Aquela entre Hillel e Shamai - e Deus sabe que estes dois mestres, que antecederam Jesus, cultivaram desacordo em tudo!" (*Abot* 5,17).

E "estas e aquelas são as palavras do Deus vivo" (TB *Eruvin* 13 b).

Mas então se o estudo das fontes judaicas – entendamos bem tanto as interpretações da Torá como as biografias rabínicas – destinada a uma religião baseada na ética monoteísta, por que estas brigas, por que estas invectivas, às vezes tão odiosas, ao ponto de nos perguntarmos se Jesus, o *Cordeiro de Deus*, poderia alguma vez tê-las pronunciado? Por que é que os Evangelhos não citam as fontes rabínicas mais de acordo com os ensinamentos do *rabbi* galileu?

Como resposta, acreditamos que os evangelistas queriam manter somente os debates (internos ao Judaísmo) onde a oposição aparecia mais flagrante, ampliando a linha da disputa, a fim de melhor realçar a grandeza de alma do seu mestre e a novidade do seu ensinamento. No claro-escuro, a luz destaca-se melhor da escuridão.

Mas esta *dobra polêmica* não pode silenciar a verdade histórica, a saber, que havia grandeza de espírito antes e depois de Jesus, e que numerosas novidades de Jesus, os seus *hiddushim*, voltarão a ser ensinadas e vividas por outros mestres.

Certamente, tais formulações categóricas como *o amor aos inimigos* ou *o que entra e sai da boca* permanecem ligadas à sua pessoa, e rendamos a Jesus o que é de "Jesus".

Mas, aos nossos olhos, a originalidade de Jesus aparece na sua *Paixão*, no seu silêncio diante de seus torturadores, na sua fé face à adversidade, e claro, na sua ressurreição. Se para o mundo cristão Jesus continua a ser o derradeiro *Rabbi*, uma vez que é o Messias, ele permanece ainda maior como o (filho de) Deus assumindo a condição humana para suportar o pecado e o sofrimento do mundo, antes de se tornar o Paráclito perante o Pai.[1]

A consciência cristã, como eu a percebi, sempre será mais sensível a um Deus fraco do que a um Deus mestre.

Para voltar aos ataques aos fariseus, temos de compreender que Jesus apenas atacou a tendência mais radical, aqueles que se mantiveram

---

[1] Em 1 Jo 2,1-2 lemos: "Meus filhinhos, escrevo-vos estas coisas para que não pequeis. E se alguém tiver pecado temos um defensor com o Pai, Jesus Cristo, o justo. Ele próprio é uma oferenda de expiação pelos nossos pecados, *não apenas pelos nossos próprios, mas também para os de todo o mundo*". Jesus aparece como um defensor tanto para os cristãos como para os não-cristãos!

■ Conclusão ■

intratáveis numa prática rigorosa. Não se tratou, portanto, de suprimir o movimento farisaico, "sentado na cadeira de Moisés", mas para denunciar a mais dura e sempre presente hipocrisia.

Estes fariseus, por fidelidade à lei de Moisés, recusavam-se a amolecer a *halakhá*, e, portanto, recusavam-se a adaptar a Lei à ética dos profetas ("pois desejo o bem e não sacrifício" Os 6,6). Tal comportamento existe em todas as tradições religiosas e que aquela que nunca produziu este tipo de comportamento atire a primeira pedra...

Estes são os únicos oponentes de Jesus, e que ainda existem hoje em comunidades de estrita observância (que não significa que não haja homens excepcionais e mulheres excepcionais em termos de fé e de exigência moral).

Pelo que Jesus poderia ter censurado um Hillel, que nunca se zangou, ou a um Rabbi Akiba que proclamava o amor ao próximo como um princípio de toda a Torá, e que morreu sob a tortura romana enquanto recitava o *Shemá Israel*?

Embora houvesse certamente obstinados de uma *halakhá* severa, o Evangelho, pelo espírito polêmico ou por ignorância, despediu os proponentes de uma prática mais flexível, que adaptavam o rito de acordo com os fiéis, ou nas palavras de Hillel: "Que os israelitas (ajam de acordo com as suas próprias tradições), se não forem profetas, são filhos de profetas", em outras palavras, não exijamos então demasiado deles.

Já no segundo livro de Crônicas 30,18-19, lemos esta passagem edificante:

> Muitos do povo de Efraim e Manassés, Issacar e Zebulon, não se tinham se purificado, e comeram o cordeiro de Páscoa sem obedecer ao que é prescrito (de purificação necessária no Templo); mas (o rei) Ezequias intercedeu por eles, dizendo: 'Que o Eterno, em sua bondade, absolva a todos os que aplicaram seu coração em buscar o Eterno, Deus dos seus pais, mesmo sem a purificação da santidade'. O Eterno ouviu Ezequias, e perdoou[2] o povo.

Mais tarde, muitos mestres tornaram-se discípulos de Ezequias nas suas relações com as "ovelhas perdidas de Israel".

---
[2] Literalmente "ele cura". Outra passagem que mostra a ligação entre o perdão e a cura.

Hoje, graças ao diálogo entre judeus e cristãos, estes últimos podem objetivamente considerar os pontos de convergência entre Jesus e os Rabinos; isto por vezes leva a um estudo da Torá e do Midrash, tal como alguns judeus de maneira reciproca se veem a si próprios nos ensinamentos de Jesus através do estudo dos Evangelhos.

Dito em outras palavras, é infelizmente impossível aprender sobre o Judaísmo, em toda a sua diversidade e riqueza com os Evangelhos. No entanto, eles nos ensinam como Jesus leu e viveu a Torá e as *mitsvot*; e como ele viveu a sua condição humana no meio do seu povo sem se desligar dele, nem renegar a Torá do Pai.

Jesus e as *Mitzvot*

De acordo com o Catecismo da Igreja Católica,[3] Jesus, o Messias de Israel, o perfeito justo (*tsadiq gamur*), cumpriu a Torá e o ensinamento dos Profetas, na sua totalidade e perfeição, que nenhum israelita antes (nem Moisés ou Isaías), nem depois de Jesus (os rabinos), foram capazes de alcançar. Só Jesus cumpriu a Torá perfeitamente.

Jesus tendo morrido pelos pecados da Humanidade (judeus e gentios), a fé em Jesus, expressa nos ritos sacramentais, isenta o cristão de praticar as *mitzvot,* os mandamentos.

Uma consequência é que o cristão já não tem de estar ciente desta Lei e da sua prática. Pode-se ser um bom cristão, conhecendo apenas versículos da Bíblia, como revelam o Evangelho, o sacerdote na sua homilia e o saltério. Do mesmo modo, é suficiente para um cristão a hostilidade do fariseu (que desempenha aqui o papel do malvado) para fortalecer a sua fé em Jesus[4] em relação ao (ou mesmo contra) o Judaísmo.

Mas então porque foi a revelação de todo o *corpus* ritualístico (o famoso 613 *mitzvot*),[5] estes mandamentos que regem a relação ao trans-

---

[3] http://www.vatican.va/archive/FRA0013/_P1K.HTM. As Igrejas Reformadas e Ortodoxas oferecem variantes.

[4] O protestantismo reintroduziu a Bíblia nos lares, o que foi proibido pelo catolicismo até ao Vaticano II. No século XVII algumas mulheres protestantes de Cévennes escondiam Bíblias em seu penteado por medo de perseguição.

[5] Avis de Rabbi Simlaï no sec. 3º (TB *Macot* 23b). Elie Benamozegh, *Israël et l'Humanité*. Ed. A. Michel.

■ Conclusão ■

cendente ou ao próximo? E quanto aos religiosos e quanto às leis religiosas, sociais, econômicas e políticas que regem a ação, a fala, e mesmo pensamento?

A resposta teológica cristã é que as *mitzvot* tinham de ser reveladas para mostrar a sua realização impossível de maneira perfeita (que o judeu humildemente reconhece). Assim, o Monte Sinai já anunciava o Monte das Bem-aventuranças e depois o Monte do Gólgota.

Antes de Jesus, as *mitzvot* ligavam o homem a Deus - 7 *mitzvot* de Noé[6] para a humanidade, 613 *mitzvot* para Israel; com o advento de Cristo, Jesus torna-se o único e inevitável intermediário: "o caminho, a verdade e a vida" (Jo 14,6).

Esta afirmação abrupta implica tanto que o cristão católico pós Vaticano II que encontra o judeu e o Judaísmo (no seu estudo em sua e prática) de acordo com os modos farisaicos, vai para além do próprio quadro puramente formal de sua fé.

O nosso trabalho a partir daqui não consiste em questionar a fé cristã e a sua teologia, mas em oferecer outra perspectiva, assegurar a continuidade judaica do ponto de vista do ensinamento do próprio Jesus.

Uma vez que o Concílio Vaticano II nos convida a fazê-lo, assumamos a postura de Jesus em relação à Torá e às *mitzvot*, e repensemos o lugar dos fariseus num espírito de reconciliação, e não mais de *ruga polêmica*. Mas inicialmente por que esta polêmica animada contra os fariseus?

A crítica da anterioridade

Os três livros fundadores dos três monoteísmos[7] são baseados numa crítica de anterioridade. Assim, os autores da Bíblia hebraica criticam explicitamente (Lv 18,3), o politeísmo egípcio e cananeu, e as suas culturas, o que torna possível estabelecer melhor a novidade da mensagem monoteísta. Os evangelistas agirão da mesma forma no que diz respeito à anterioridade judaica (as *antinomias*, por exemplo), a fim de melhor destacar a *Boa Nova*.

---

[6] Elie Benamozegh, *Israël et l'Humanité*. Ed. A. Michel
[7] Poderíamos acrescentar a religião Baha'i.

Quanto ao Alcorão, adotará uma postura semelhante em relação às duas religiões anteriores.

É sem dúvida esta crítica à anterioridade que deve ser ouvida no Evangelho, a denúncia dos fariseus e, por extensão do Judaísmo. Mas será que Jesus queria ir tão longe? Será que queria criar o Cristianismo?

O Judaísmo de Jesus

De tudo o que escrevemos sobre a situação política, social e religiosa do período do Segundo Templo, parece óbvio que Jesus se expressava na problemática do seu tempo.

Consciente dos diferentes movimentos ativos (mesmo que os Evangelhos nunca mencionem os Essênios, poderia Jesus tê-los realmente ignorado? Ele que rezou no deserto?), Jesus propôs a sua leitura da Torá e dos Profetas, ao ponto de formar uma escola: "a casa de Jesus", como a "casa de Hillel ou de Shamai".

A introdução ao *Sermão da Montanha* permanece sem ambiguidade para o ouvido judeu: Jesus não aboliu a Torá, nem os Profetas nem a prática dos mandamentos (Mt 5,19).

Releiamos os Sinóticos: em nenhum momento o ouvimos afirmar a nulidade da Torá e das *mitzvot*. Ele não só respeita o conteúdo da Torá, que ele escuta cada Shabbat na sinagoga, "segundo o seu costume" (Lc 4), e na qual ele ensina; não se refere apenas às palavras dos profetas (por exemplo, Os 6,6), mas reconhece formalmente os fariseus "sentados na cadeira (cátedra) de Moisés" (Mt 23,2). O Sermão da Montanha e os ensinamentos posteriores permitem a continuidade judaica com o *imprimatur* de Jesus.

> Não pensem que vim para abolir a Lei (*Torá*) e os Profetas (*Neviim*); não vim para abolir, mas para cumprir. Pois eu vos digo a verdade, desde que o céu e a terra não passem nem um iota (*yod*) ou traço da Lei deve ser removido, até que tudo esteja concluído. Quem quer que seja, portanto que anula um destes menores mandamentos (*mitsvá kalá*), e quem ensina os homens a fazer o mesmo, será chamado o menor no Reino dos Céus; mas aquele que os observa e ensina a observá-los, será chamado grande no Reino dos Céus. (Mt 5,17-19)

■ Conclusão ■

Dedicamos um livro sobre este Sermão, esta *drashá*. Retomemos aqui o que se entende em primeiro nível, no sentido simples (*pshat*), fora de toda consideração teológica ulterior.

Em outras palavras, coloquemo-nos no contexto.

Imaginemo-nos galileus, judeanos ou tementes à Deus[8] nesta comunidade de estudo. O discurso postula uma fidelidade à mensagem da Torá e dos Profetas. Para Jesus esta fidelidade passa pelo respeito de cada letra, mesmo a menor (*yod*), mesmo o seu traçado inicial. Citemos este midrash na mesma linha:

> Rav Yehuda disse em nome de Rav: Quando Moisés subiu ao Sinai, viu o Santo, Bendito seja Ele, sentado (diante de um livro-*sefer* Torá) colocando traços nas letras. 'Mestre do mundo, qual é a finalidade destes traços?' –'Um dia um mestre com o nome de Akiba ben Yosef virá e deduzirá de cada traços centenas de comentários'. (TB *Menahot* 29 b)

Questionar a prática de uma pequena *mitzvá kala* implicaria uma diminuição de ser ou estar no Reino; por outro lado praticar (*laassoth, lekayem*) e ensinar (*lelamed*) a praticar, eis a chave de uma entrada honrosa.[9]

Mas então como Jesus, usando a metodologia da tradição oral (*midrash*), visava aplicar os preceitos da Torá?

Levemos esta lógica até o fim: existe uma *halakhá* de Jesus?

Recordemos que *halakhá*, a partir da raiz hebraica h.l.kh significa "andar, se conduzir", e refere-se ao "andar ritual" conforme as circunstâncias. Nos círculos ortodoxos, existe um livro que codifica a vida quotidiana, como uma regra monástica, mas que inclui os gestos, as palavras, e orações do crente; esta obra, em quatro volumes, é chamada *Shulkhan Arukh* "Mesa Posta".[10] Poderia Jesus propor a sua *Mesa Posta*?

Para fazê-lo, retomemos os principais pontos de discórdias para deduzir a posição de Jesus sobre os fundamentos da vida judaica e a fé de Israel.

---

[8] Na sociedade judaica da época, aquelas e aqueles que aderiram ao monoteísmo.
[9] As palavras "cancelar, cumprir, estudar, ensinar" são recorrentes na tradição e na liturgia de Israel. Por exemplo: "Pai nosso, nosso Rei, [...] abre os nossos corações e dá-nos a graça de aprender e ensinar, de guardar, de observar todas as palavras da Tua Torá".
[10] Obra escrita por Joseph Caro (1488 - 1575), em Safed, que sintetiza as conclusões talmúdicas.

A *halakhá* de Jesus

O nosso título poderá surpreender judeus e cristãos: ambos se perguntarão como associar Jesus e a *halakhá*. O Cristianismo, ao distanciar-se do rito, rompeu com a casa mãe, alguns dirão; um messias que lida com detalhes rituais, outros ficarão indignados ... E, no entanto, temos de enfrentar as provas até ao fim, este será o nosso *leitmotiv*: apesar da *ruga polêmica*, Jesus jamais rompeu nem com a Torá, nem com a *halakhá*; e se Jesus é o Messias de Israel, como pode ser indigno de se preocupar com a vida judaica no seu aspecto quotidiano? Mesmo na perspectiva da ressurreição, não vemos como esta Torá, esse elixir da vida, que nos faz viver novamente seria anulado.

Vejamos alguns exemplos!

Jesus foi circuncidado, isto é claramente mencionado em Lc 2,21, assim como os seus discípulos. Certamente poderemos objetar que uma criança se submeta à aliança de Abraão (Gn 17), e é apenas observando essa aliança em seu filho que o pai assume a sua identidade. Mas Jesus nunca foi pai. Assim seja! Mas não podemos imaginar que Jesus assistiu à *berit milá*, que foi homenageado com a honra de carregar o bebê no colo?

Os Evangelhos não quiseram mencionar nenhum de tais eventos, que ainda são mais do que prováveis. **Jesus usava o *tsitsit*, as franjas do ritual** (cf. Mt 9,20-22, Mc 5,29-30), como os seus correligionários, e sem dúvida na idade de seu *bar mitzvá*. Ele usava os *tefilin*?

Certamente, e de acordo com a tradição dos fariseus, sentados na "cadeira de Moisés". Por outro lado, **ele denunciou o uso de filactérios** invulgares ou longas franjas rituais para melhor exibir a sua piedade, como se a fé fosse medida por uma corda. "Eles fazem todas as suas ações para serem vistos pelos homens. Assim, usam grandes filactérios, e possuem franjas em seus vestuários; gostam do primeiro lugar nas festas, e os primeiros assentos nas sinagogas" (Mt 23,5-6).

Se tivéssemos de resumir a Torá de Jesus, ou mesmo sua *halakhá*, de acordo com os Evangelhos, poderíamos reassumir os pontos de tropeços que estudamos aqui:

1) O justo, desde Abraão, é um vetor de bênção (Gn 12,2). Ele permite a volta a Deus (*teshuvá,* arrependimento, conversão para YHWH) e a remissão dos pecados na terra, cuja fonte continua a ser a Divina Providência em seu amor infinito pelas Suas criaturas. "Pois eu não quero a morte de quem morre (o *pecador* considerado *morto*), mas que volte (converta) e viva" (Ez 18,32).

2) **A prática do *Shabbat*** não é, de forma alguma abolida. Para este dia (o único com um nome no calendário semanal) é o ponto de equilíbrio em termos da vida econômica. Além disso, a sua observância atesta o fato de que o mundo procede de um Criador que o ordenou em seis períodos (*yom*), a origem dos 6 x 24 horas de dias profanos. Apesar dos seus imperativos (*lembra-te e observa*),[11] a sua aplicação permanece flexível, de acordo com os critérios da Torá oral, dependendo dos lugares, pessoas e circunstâncias. A pena de morte associada à sua não observância (Ex 31,14-15) não deve ser mais entendida em a sua eficácia, mas para sublinhar a sua importância. Jesus e os rabinos do Talmud chegaram à mesma conclusão.[12] Numa leitura moderna, a sua transgressão significa a recusa de deixar a alienação do trabalho, o que equivale à morte do sujeito livre ou sua morte para uma verdadeira relação com o Deus libertador.[13]

Por outro lado, de acordo com a leitura de Jesus, que a tradição de Israel não pode negar, o único trabalho proibido no Sábado é a vida econômica e os lucros que dela decorrem.[14] Mas qualquer atividade que consista em sair de uma situação perigosa ou precária e que vise o bem dos outros (manter a vida, visitar os doentes, ajudar os doentes, ajudando os necessitados, etc) não pode ser incluída nas proibições do Shabbat. Pelo contrário!

---

[11] Ex 20,7 e Dt 5,11.

[12] "Quando os assassinos se multiplicaram, o rito do (Dt 21). Quando os adúlteros se multiplicaram, o rito das águas amargas foi anulado (Num 6)" (M. *Sotá* 9, 9). O rabino Eleazar ben Azariah disse: "Qualquer sinédrio que impõe uma sentença de morte uma vez em 70 anos é *um tribunal sanguinário*" (TB *Makot* 7a).

[13] Leitura válida para todas as penas de morte anunciadas na Torá desde Gn 2,17: "O dia em que tu comeres dela, morre, morrerás". Podemos compreender este duplo verbal "infinitivo – futuro" da seguinte forma: a transgressão do da vontade divina leva *à morte espiritual* imediata (uma vez que separa de Deus); quanto à *morte física* ela é adiada de acordo com a duração da vida oferecida a cada criatura. Num outro livro, com a ajuda de Deus, trataremos dos capítulos 2 e 3 do Gênesis.

[14] De um ponto de vista pragmático, o Judaísmo liberal considera que a utilização da Internet para estudar a Torá (conferências on line) ou participar num serviço de streaming é serviço; no entanto, consultar as próprias contas ou negociar através deste mesmo canal continua proibido, em coerência com Is 58,13.

3) **A respeito das regras do puro e do impuro** (tão importantes no período do Templo), não podem ser reduzidas a rituais mágicos, mas transmitem essencialmente (ou deve transmitir) a vontade de purificar sua vida interior de toda as escórias morais (impulsos de ódio, de violência, de perversões sexuais etc). Constituem um quadro normativo (válido para todas as *mitzvot*) para o triunfo da pulsão da vida contra a pulsão da morte; com a condição de que seja investido com este significado e não para multiplicar excessivamente os detalhes do ritual (mais *kasher* do que o *kasher*). Parafraseando Jesus: "O que sai de um homem permanece sempre mais significativo do que o que entra nele".

4) **O respeito pelo pai e pela mãe** é uma *mitzvá* central, um pivô entre o amor de Deus e o amor ao próximo. É porque os rabinos (e sem dúvida Jesus) viram-na como o quinto Mandamento, o ponto médio do Decálogo.

5) **A *Torá Oral*** oferece sempre uma chave de leitura autônoma para reler a *Torá escrita* de acordo com as situações. Ela pode inclinar-se para a severidade (escola de Shamai) ou para flexibilidade (escola de Hillel), mas sem nunca trair os valores morais defendidos pelos profetas de Israel (Isaias, Oséias, Miquéias etc), que constituem as salvaguardas contra um ritualismo excessivo e externo.

6) **O proselitismo para o Judaísmo** sem ser defendido (que o Cristianismo irá transformar em apostolado católico = universal) deve permitir às crianças das nações para integrar o povo de Israel e a praticar as *mitzvot* de Israel por um acolhimento humano,[15] uma prática suave e progressiva baseada mais numa educação moral do que no excesso de ritualismo.

7) **O mestre não deve sentir-se acima dos seus discípulos** ou dos novos convertidos, mas permanecerá, na medida do possível, atento a eles e a seu serviço. Para dizer de maneira mais simples, "o serviço das conversões" deveria ser realmente... um serviço.

8) **Qualquer atividade realizada para o bem de outrem, sua cura física, psicológica, espiritual,** pela sua própria natureza só pode refletir a vontade do próprio Deus, e não pode ser imputada a forças

---

[15] "Recebei todo homem com um semblante amigável; amai as criaturas e aproximai-as da Torá" (Abot 1).

obscuras ou malévolas, pois então haveria uma contradição nos termos. Que os procedimentos utilizados sejam naturais (médicos, econômicos), ou sobrenaturais (orações, milagres), desde que o gesto vise um bem--estar sem pôr em causa os fundamentos do monoteísmo ético, pode ser qualificado como válido (*kasher*), do ponto de vista da tradição judaica, independentemente do indivíduo ser judeu ou não, agindo como se fosse. "R. Eleazar diz em nome de R. Hanina: 'Que a bênção do simples não seja desprezível a teus olhos. Porque dois homens justos foram abençoados por simples mortais e a sua bênção se realizou, à saber, Davi (cf. 2 Sm 24,23) e Daniel (cf. Dn 6,17)'".

9) Os *laços do casamento* constituem um compromisso perante Deus (Gn 2,24), e não podem ser dissolvidos exceto por infidelidade (opinião de Shamai contra Hillel). Acrescentemos: ou por perigo de um dos cônjuges.

10) A esta Torá de Jesus devem ser acrescentados todos os princípios morais enunciados no *Sermão na Montanha*, que empurram as obrigações da Torá, especialmente as do Decálogo, a um ponto superior de exigência.[16] A virtude que ao longo do Sermão é amor ao próximo, em atos, em palavras e em pensamento. Jesus faria sem dúvida suas as palavras de Abayé: "amar a Deus significa fazê-Lo amar pelas criaturas" (TB *Yoma* 86a). Este amor inabalável por todas as criaturas humanas (sem distinção religiosa) provém do amor de Deus pelo Seu mundo e Suas infinitas misericórdias (Sl 145,9).

Em termos concretos, portanto, Jesus nunca questiona a prática das *mitzvot* para Israel, nem a interpretação farisaica, mas ele põe em questão contra o que o Evangelho chama a hipocrisia, e o que a tradição rabínica se refere a um "serviço a Deus interessado". Já 60 anos antes, Shemaya ensinava: "Ama o trabalho, odeia *as honras do rabinato*, e cuidado com os governantes" (Abot 1,10). Este mestre de Hillel e Shamai tinha percebido, no seu tempo, a deriva política de farisaísmo, quando os Hasmoneanos acumularam o poder religioso e o poder político.

De todos os nossos estudos, conclui-se que Jesus permanece um Rabbi de Israel, uma prefiguração dos Rabbis hassídicos, milagrosos, ca-

---

[16] Cf. o nosso livro *Discíples de Jésus: Une lecture juive du Sermon sur la montagne*, 2017.

rismáticos e grandes mestres da Torá, próximos de Deus e amantes dos homens.

Qualquer que seja a teologia elaborada em torno de sua pessoa, com base na sua morte e ressurreição (Messias, filho de Deus, pessoa divina), em nenhum momento encontramos um questionamento da vocação de Israel. Pelo contrário, **Jesus pode ser recebido como "pontífice"** (ponte) não só entre o céu e a terra (a função do *cohen*, sacerdote e do justo), mas também, e especialmente para o nosso tema, entre o povo de Israel e as nações.

O *muro de separação* entre judeus e gregos do qual Paulo fala em Gl 3,28 e Ef 2,14, não pode existir no ideal. Porque biblicamente, cada separação exprime uma diferenciação salutar para que duas identidades dialoguem e se completem.

Nem A deve tornar-se B, nem B tornar-se A; mas A e B são convidados pelo Deus Único, que criou ambos, para o encontro fraterno. Tal como a referência a Deus não suprime as 70 faces da humanidade, pelo que a referência a Jesus não deveria suprimir a diferença entre Israel e as nações, como entre as nações, as culturas, as línguas e as tradições religiosas não deveriam esfumar-se, mas harmonizar-se em nome de uma transcendência superior.

O desafio para a humanidade não é abolir fronteiras de identidade, mas convidar para uma troca de suas riquezas espirituais e intelectuais, que são a expressão de tantas graças divinas.

Jesus, seguindo a Torá, nos dá a chave: o amor ao próximo. A única questão relevante, proveniente da Torá, dos Profetas, do Evangelho permanecerá: Estamos prontos para viver a nossa relação com o todo? Estamos prontos para viver a nossa relação com o Outro neste nível de amor exigente?

Bibliografia

BAR ASHER, Meïr. *Les Juifs dans le Coran*. Ed. A. Michel.
BAUMGARTEN, Albert, *Les sects à l'époque du 2ᵉ Temple* (hébreu).
BENAMOZEGH, Elie, *Israël et l´humanité*. Ed. A. Michel.
BERNHEIM, Gilles, *Le Souci des autres*. Calmann-Lévy.
CHALIER, Catherine. *Pureté, impureté. Une mise à l´épreuve*. Bayard.
COHEN, A., *Le Talmud*. Ed Payot.
DEISS, Lucien, *Le Vocabulaire des evangiles*. Ed DBB, 2007.
DRAI, Raphaël, *Lecture de l´Evangile de Luc*. Ed. Hermann.
DUJARDIN, Jean, *L'Eglise catholique et le peuple juif*. Calmann-Lévy.
HADDAD, Gérard, *L'enfant illégitime*. Ed. DDB.
HARRIS, William, *littératura Ancienne*
IMBERT, Jean, *Le procès de Jésus*. Que sais-je ? PUF.
LEIBOWITZ, Y., *Israël et judaïsme*. Ed DDB, 1996.
MARGUERAT, Daniel, *La première histoire du Christianisme*. Paris : Cerf, 1999.
MEIER, John Paul, *Um Judeu marginal*. Imago.
MIMOUNI, S.C., *Le judaïsme ancien du VIe siècle avant notre ère au IIIe siècle de notre ère*. PUF.
NATHAN, Tobie et STRENGERS, Isabelle, *Médecins et sorciers*. Ed. La Découverte.
SIBONY, Daniel, *Les trois monothéismes*. Ed Le Seuil.
SOLOVEITCHIK, Joseph D., *L'homme de la halakha*. OSM.

Principais obras do autor

Epreuves d'espérance. Acte Sud. 2000
Israël, j'ai fait un rêve. L'Atelier. 2003
Méiri, rabbin catalan de la tolérance. Mare Nostrum. 2007
Paroles de rabbins. Le Seuil. 2010
Pour expliquer le judaïsme à mês amis. In Press. 2013
La Torah. Eyrolles. 2014
Citations talmudiques expliquées. Eyrolles. 2017
Disciples de Jésus: Une lecture juive du Sermon sur la montagne, 2017.
L´aigle de Dieu (roman). Jean-Cyrille Godefroy. 2018

HADDAD, Philippe – na Coleção Judaísmo e Cristianismo:
Jesus fala com Israel: Uma leitura judaica de parábolas de Jesus.
Pai Nosso - Avinu Shebachamayim. Uma leitura judaica da oração de Jesus.
Uma leitura judaica do Sermão da Montanha.
Fraternidades ou a revolução do perdão.
Como Jesus lia a Torá: sair do mal-entendido entre Jesus e os Fariseus

Publicação

Acesse a loja virtual para adquirir os livros:
https://loja.sion.org.br | www.livrarialoyola.com.br

GROSS, Fernando. *O ciclo de leituras da Torah na Sinagoga*. Prefácio de Elio Passeto. Coleção Judaísmo e Cristianismo, nº 1, segunda edição. São Paulo: Centro Cristão de Estudos Judaicos-CCDEJ-FASI e *Fons Sapientiae*, 2015.

RIBEIRO, Donizete Luiz. *Convidados ao banquete nupcial: Uma leitura de parábolas nos Evangelhos e na Tradição Judaica*. Prefácio do Rabino Uri Lam, CIM. Coleção Judaísmo e Cristianismo, nº 2. São Paulo: Centro Cristão de Estudos Judaicos-CCDEJ-FASI e *Fons Sapientiae*, 2015.

HADDAD, Philippe. *Jesus fala com Israel: Uma leitura judaica de Parábolas de Jesus*. Prefácio do Rabino Ruben Sternschein, C.I.P. Coleção Judaísmo e Cristianismo, nº 3. São Paulo: Centro Cristão de Estudos Judaicos-CCDEJ-FASI e *Fons Sapientiae*, 2015.

RIBEIRO, Donizete Luis; RAMOS, Marivan Soares (orgs.). 2ª edição, *Jubileu de ouro do diálogo católico-judaico: primeiros frutos e novos desafios*. Prefácio do Cônego José Bizon e do Rabino Michel Schlesinger, Coleção Judaísmo e Cristianismo, nº 4. São Paulo: Centro Cristão de Estudos Judaicos-CCDEJ-FASI e *Fons Sapientiae*, 2019.

HADDAD, Philippe. אבינו – *Pai Nosso. Uma leitura judaica da oração de Jesus*. Prefácio do Padre Fernando Gross. Coleção Judaísmo e Cristianismo, nº 5. São Paulo: Centro Cristão de Estudos Judaicos-CCDEJ-FASI e *Fons Sapientiae*, 2017.

MIRANDA, Manoel. *As relações entre judeus e cristãos a partir do evangelho segundo São João.* Prefácio do Pe. Donizete Luiz Ribeiro. Coleção Judaísmo e Cristianismo, nº 6. São Paulo: Centro Cristão de Estudos Judaicos-CCDEJ-FASI e *Fons Sapientiae*, 2018.

AVRIL, Anne e LENHARDT, Pierre. *Introdução à Leitura Judaica da Escritura.* Coleção Judaísmo e Cristianismo, nº 7. Prefácio do Dr. Pe. Boris A. Nef Ulloa. São Paulo: Centro Cristão de Estudos Judaicos-CCDEJ-FASI e *Fons Sapientiae*, 2018.

LENHARDT, Pierre. *A Unidade da Trindade: À escuta da tradição de Israel na Igreja.* Coleção Judaísmo e Cristianismo, nº 8. Prefácio da Drª Maria Freire. São Paulo: Centro Cristão de Estudos Judaicos-CCDEJ-FASI e *Fons Sapientiae*, 2018.

RAMOS, Marivan Soares. *Por trás das Escrituras: Uma introdução à exegese judaica e cristã.* Prefácio do Pe. Manoel Miranda. Coleção Judaísmo e Cristianismo, nº 9. São Paulo: Centro Cristão de Estudos Judaicos-CCDEJ-FASI e *Fons Sapientiae*, 2019.

DE LA MAISONNEUVE, Dominique de La. *Judaísmo Simplesmente.* Coleção Judaísmo e Cristianismo, nº 10. São Paulo: Centro Cristão de Estudos Judaicos-CCDEJ-FASI e *Fons Sapientiae*, 2019.

PASSETO, Elio. *As Sagradas Escrituras explicadas através da genialidade de Rashi.* Coleção Judaísmo e Cristianismo, nº 11. São Paulo: Centro Cristão de Estudos Judaicos-CCDEJ-FASI e *Fons Sapientiae*, 2020.

LENHARDT, Pierre. *À escuta de Israel, na Igreja* - Tomo I. Coleção Judaísmo e Cristianismo, nº 12. Prefácios de Donizete Luiz Ribeiro e Dom Maurice Gardès. São Paulo: Centro Cristão de Estudos Judaicos-CCDEJ-FASI e *Fons Sapientiae*, 2020.

FRIZZO, Antonio Carlos. *A Trilogia social: o estrangeiro, o órfão e a viúva no Deuteronômio e sua recepção na Mishná*. Prefácio de João Décio. Coleção Judaísmo e Cristianismo, n° 13. São Paulo: Centro Cristão de Estudos Judaicos-CCDEJ-FASI e *Fons Sapientiae*, 2020.

LENHARDT, Pierre. *À escuta de Israel, na Igreja - Tomo II*. Prefácios dos Pes. Donizete Luiz Ribeiro e Dom Maurice Gardès Coleção Judaísmo e Cristianismo, n° 14. São Paulo: Centro Cristão de Estudos Judaicos-CCDEJ-FASI e *Fons Sapientiae*, 2020.

LENHARDT, Pierre. *Uma vida cristã à escuta de Israel*. Prefácios dos Pes. Donizete Luiz Ribeiro e Jean Massonnet. Coleção Judaísmo e Cristianismo, n° 15. São Paulo: Centro Cristão de Estudos Judaicos--CCDEJ-FASI e *Fons Sapientiae*, 2020.

MIRANDA, Manoel e RAMOS, Marivan Soares. *O ciclo das festas bíblicas na Escritura e na Tradição judaico-cristãs*. Prefácio da Irmã Anne-Catherine Avril, NDS. Coleção Judaísmo e Cristianismo, n° 16. São Paulo: Centro Cristão de Estudos Judaicos-CCDEJ-FASI e *Fons Sapientiae*, 2020.

HADDAD, Philippe. *Fraternidade ou a Revolução do Perdão: Histórias de fraternidade. Do Gênesis aos ensinamentos de Jesus*. Coleção Judaísmo e Cristianismo, n° 17. São Paulo: Centro Cristão de Estudos Judaicos-CCDEJ-FASI e *Fons Sapientiae*, 2021.

BLOCH, Renée. *Escritura e Tradição: Ensaios sobre o Midrash*. Coleção Judaismo e Cristianismo n°18. São Paulo: Centro Cristão de Estudos Judaicos-CCDEJ-FASI e Fons Sapientiaie, 2022.

RAMOS, Marivan Soares e MATOS, Marcio. *Jesus, o mestre entre os Sábios*. Coleção Judaismo e Cristianismo n° 19. São Paulo: Centro Cristão de Estudos Judaicos-CCDEJ-FASI e *Fons Sapientiae*, 2022.

v. 1 n. 1 (2020)
Nesse número, o primeiro de 2020, damos especial destaque a textos, que se enquadram nas linhas de pesquisa em desenvolvimento no CCDEJ, em especial, aqueles resultantes de pesquisas realizadas em diferentes cursos ministrados no CCDEJ. Nesse sentido, queremos mostrar parte de temas relevantes que mobilizam a Teologia, a História, a Cultura judaico-cristã e as possibilidades de leitura e releitura de textos bíblicos.

A herança da Torá e a da Tradição judaica no cristianismo dos dois primeiros séculos - v. 2 n. 1 (2021)
Para esse segundo volume, primeiro de 2021, a Revista Cadernos de Sion traz artigos inéditos sobre Teologia, História e Cultura judaica em consonância com os textos bíblicos e o Cristianismo. Além disso, destaca uma resenha de duas obras de Pierre Lenhardt, Religioso da Congregação dos Religiosos de Nossa Senhora de Sion e de uma entrevista com um sacerdote engajado no carisma de

Leitura e releitura de textos neotestamentários, tendo como pano de fundo as práticas judaico-cristãs no primeiro século
v. 2 n. 2 (2021)
Análise de textos neotestamentários a partir de práticas ritualizadas presentes na tradição judaica e debatidas no Novo Testamento.

Acesse ccdej.org.br: Revista Cadernos de Sion
http://ccdej.org.br/cadernosdesion/index.php/CSION/issue/archive

Este livro foi impresso em papel offset 75g, capa triplex 250g.
Edições Fons Sapientiae
é um selo da Distribuidora Loyola de Livros

Rua Lopes Coutinho, 74 - Belenzinho 03054-010 São Paulo - SP
T 55 11 3322 0100 | editorial@FonsSapientiae.com.br
www.FonsSapientiae.com.br